novum premium

Helene Widmer

JA
ICH
WILL

ENERGIE UND RELIGION

HEILUNG UND FREUDE

novum premium

© 2024 novum Verlag

Bibliografische Information der Deutschen Nationalbibliothek:

Die Deutsche Nationalbibliothek verzeichnet diese Publikation in der Deutschen Nationalbibliografie. Detaillierte bibliografische Daten sind im Internet über http://www.d-nb.de abrufbar.

ISBN 978-3-99130-384-8
Lektorat: Dr. Annette Debold
Umschlagfotos: Renate Schwarb, Helene Widmer
Umschlaggestaltung, Layout & Satz: novum Verlag
Innenabbildungen: Renate Schwarb
Seite 17: Psychosynthese von Roberto Assagioli
Autorenfoto: Barbara Bänziger

Alle Rechte der Verbreitung, auch durch Film, Funk und Fernsehen, fotomechanische Wiedergabe, Tonträger, elektronische Datenträger und auszugsweisen Nachdruck, sind vorbehalten.

Die von der Autorin zur Verfügung gestellten Abbildungen wurden in der bestmöglichen Qualität gedruckt.

www.novumverlag.com

Gedruckt in der Europäischen Union auf umweltfreundlichem, chlor- und säurefrei gebleichtem Papier.

INHALTSVERZEICHNIS

Energie und Religion – der Regenbogen 7
Der Regenbogen – Heilung und Freude 9
1. Kapitel: Ich will 10
2. Kapitel: Ich will verstehen 16
   Annahme – Integration – Umsetzung 18
3. Kapitel: Ich will mich verbinden 20
   Vertikale Verbindung 23
   Jesus und die vertikale Verbindung 24
   Horizontale Verbindung 27
   Verbunden oder gebunden 28
   Bindungen auflösen 29
   Verbindung trennen 29
   Jesus und die horizontale Verbindung 30
4. Kapitel: Ich will frei sein 33
   Schütteln als Reinigungsritual 34
   Sieben als Reinigungsritual 37
   Sieben im Alltag 39
   Dramen 41
   Wer bin ich, und was ist das Ich? 42
   Neugeburt im Geist 43
5. Kapitel: Ich will in Fluss kommen 45
   Die Chakren 45
   Das achte Chakra oder Höhere Selbst 47
   Horizontale Chakren reinigen 48
   Vertikale Chakren reinigen 51
   Gelenke und Wirbelsäule reinigen 55
   Chakren verbinden 55
   Segnen mit Engelsstaub 57
6. Kapitel: Ich will zur Freude finden 59
   Die sieben Schichten der Aura 62
   Die Aura wahrnehmen, glätten und reinigen 64
   Lichtsäule 66

Bericht einer Lichtsäulen-Erfahrung 68
7. Kapitel: Ich will kreativ sein 70
　　Fantasiereise zum Ruhe- oder Kraftplatz 72
　　Heilarbeit mit einem Blumen-Bild 75
　　Beispiel einer Blumen-Imagination 80
　　Heilarbeit mit einer Bilderreihe 83
　　Beispiel einer Heilarbeit mit einer Bilderreihe 84
　　Jesus und die Kraft der Imagination 86
　　Intuition. 89
　　Religion und Glaube in der Krise 90
　　Krise als Chance für einen Neuanfang 92
　　Der Weg zur Selbstliebe. 97
8. Kapitel: Ich will – vielleicht – doch nicht 100
　　Elementale 105
9. Kapitel: Ich will ganz und heil werden 109
　　Warum sollen wir etwas dreimal tun? 112
　　Heil-Elementale kreieren 113
10. Kapitel: Ich will wachsen 116
　　Fantasiereise zum Inneren Kind 118
　　Anleitung einer Reise zum Inneren Kind 121
　　Mütterliche Worte fürs Innere Kind 126
　　Väterliche Worte fürs Innere Kind 126
Kindliche Schlussworte 129
Dank 131
Ausblick 133
Anhang: Die Energieschichten der Aura 134
　　Ätherkörper. 134
　　Emotionalkörper 135
　　Mentalkörper 136
　　Kausalkörper. 137
Literaturverzeichnis 139

ENERGIE UND RELIGION – DER REGENBOGEN

Der Regenbogen ist ein faszinierendes Naturschauspiel aus Licht und Wasser. In der Bibel wird er dreimal erwähnt.

Am Ende der Sintflut bricht sich das Licht der ersten Sonnenstrahlen in den Wassertropfen und lässt in den Wolken einen farbigen Bogen erscheinen. Noah kennt die Stimme, die ihm das Erlebte deutet:

„Dieser Bogen ist das Zeichen für den Bund, den ich jetzt mit allen lebenden Wesen schließe."[1]

Die zweite Erwähnung des Regenbogens findet sich im Bericht des Ezechiel über seine Berufung zum Propheten.

„An jenem Tag öffnete sich der Himmel, und ich schaute Gott. Ich sah eine mächtige Wolke, umgeben von einem hellen Schein, und Blitze zuckten aus ihr. Die Wolke brach auf, und aus ihrem Inneren leuchtete ein helles Licht, wie der Glanz von gleißendem Gold. Auf einem Thron war eine Gestalt zu erkennen, die einem Menschen glich. Die ganze Gestalt war von einem Lichtkranz umgeben, der wie ein Regenbogen aussah, der nach dem Regen in den Wolken erscheint. So zeigte sich mir der Herr in seiner strahlenden Herrlichkeit."[2]

Die dritte Erwähnung des Regenbogens finden wir in der Apokalypse des Johannes.

„Dann sah ich einen mächtigen Engel vom Himmel auf die Erde hinuntersteigen. Er war von einer Wolke umgeben, und ein Regenbogen stand über seinem Kopf, sein Gesicht war wie die Sonne, und seine Beine glichen Säulen aus Feuer."[3]

Noah, Ezechiel und Johannes waren Seher. Sie sahen, hörten, wussten mehr als die allermeisten ihrer Mitmenschen.

---

1 Gen 9,17
2 aus Ez 1
3 Apk 10,1–2a

Für sie öffnete sich der Himmel, sie fühlten sich mit Gott verbunden und erhielten Einblick in höheres Wissen. Während dieser Einblick nur Auserwählten gewährt wird, ist der Regenbogen am Himmel für alle achtsamen Menschen sichtbar. Doch wie viele verstehen ihn als Zeichen des Bundes, als Verheißung von Frieden, als Chance für einen Neuanfang? Wir machen jeden Morgen mit der Sonne, jeden Monat mit dem Neumond, jeden Frühling mit der Natur einen Neuanfang, und dazu kommen die ganz persönlichen Neuanfänge. Was erhoffen wir uns vom Neuen? Wohin sollen alle Neuanfänge uns führen? Jesus verrät uns, was für uns und in uns drin so vollkommen, stark, rein und klar sein soll wie der Regenbogen: unsere Freude.[4]

DER REGENBOGEN – HEILUNG UND FREUDE

„**Bittet Gott in meinem Namen, und ihr werdet es bekommen, damit eure Freude vollkommen und ungetrübt ist.**"[5]
Ja, Freude erfüllt mich beim Betrachten eines Regenbogens, und wenn der Bogen wirklich ganz und heil ist und hell und klar leuchtet, berührt mich dieses Himmelsgeschenk bis tief in meine Seele. Ich kann meinen Blick fast nicht von ihm lösen, bis die Farben verblassen.
Auf dem Titelbild sind die Regenbogenfarben waagrecht gemalt. Wenn wir die Chakrenlehre, die aus dem ostasiatischen Raum

---

4 Joh 16,24
5 Joh 16,24

ins Abendland gebracht worden ist, für uns gelten lassen, nehmen wir an, dass die Energien, die unseren Körper durchströmen, in diesen Farben für hellsichtige Menschen sichtbar sind. An ihrer Stärke, an ihrer Reinheit und Ordnung können wir ablesen, wie gesund ein Mensch an Körper und Seele ist. Mit Farbtherapie, Klangtherapie und vielen anderen Methoden können wir Einfluss nehmen auf unsere Chakren und unsere Aura. In diesem Buch stelle ich verschiedene Techniken vor, die auch für Laien leicht zu erlernen sind, die aber nur funktionieren, wenn wir um höhere Geistkräfte bitten. Da jeder Neuanfang eine Entscheidung voraussetzt und eine Willensbekundung ist, beginne ich jedes Kapitel mit **„Ich will"**. Ich hoffe auch auf deinen guten Willen.

1. KAPITEL: ICH WILL

Einmal kam ein Aussätziger zu Jesus, fiel vor ihm auf die Knie und bat ihn um Hilfe. „Wenn du willst", sagte er, „kannst du mich gesund machen." Jesus hatte Mitleid mit ihm, streckte die Hand aus und berührte ihn. „Ich will", sagte er, „sei gesund!" Im selben Augenblick war der Mann von seinem Aussatz geheilt.[6]

Wie jedes Werkzeug kann auch der Wille zum Guten oder zum Bösen eingesetzt werden. Er kann eine tödliche Waffe oder ein Heilmittel sein, je nach der ethischen Gesinnung, der persönlichen Ausrichtung und aktuellen Absicht dessen, der will.

Jesus muss über einen überaus starken Willen verfügt haben. Seine Heilungen wirkten sich sowohl auf den Körper wie auch auf den Geist der Menschen aus. Beide wollen geheilt werden. Die Heilungsintention des Körpers können wir jederzeit voraussetzen. Er verlangt nach Sauerstoff, Wasser, Nährstoffen, Schlaf und Bewegung. Reicht dies nicht, um seine Funktionen intakt zu halten, verlangen wir nach Medikamenten und Therapien. Da erwiesen ist, dass unsere Erwartungen an ein Heilmittel oft einen stärkeren Einfluss haben als das Präparat selber, sollten wir auch unseren mehr oder weniger bewussten Willen in den Blick nehmen. Jeder Wille will etwas, das ist seine Bestimmung. Meine Bestimmung als Mensch ist es, die Verantwortung zu übernehmen für den Willen des Körpers wie für die ganze Lebensreise. Einen Teil dieser Reise führte mir der folgende Traum vor meine inneren Augen:

Ich fahre in meinem Auto durch ein Tessiner Dorf und sehe vor mir stehendes Wasser auf der Straße. Ich fahre ohne große Bedenken hinein und merke erst nach ein paar Metern, dass das Wasser tiefer ist, als ich angenommen habe. Der Motor kämpft

---

6 Mk 1,40 ff.

sich durch die Wassermenge. Ich lasse die Fenster herunter, so können meine Schwester und ich mit je einem Arm paddeln und so das Vorwärtskommen unterstützen. Langsam und mühsam geht es vorwärts, bis das Auto es geschafft hat und aus dem Wasser heraus- und eine Anhöhe hinauffährt.

Der Traum zeigt sehr schön die Zusammenarbeit vom bewussten Ich-Willen, der am Steuer sitzt, und dem unbewussten Körperwillen, der sich mit der Kraft des Motors vorwärts kämpft. Beide Willen werden vom Widerstand des Wassers geprüft und herausgefordert. Mitten in der Angst stecken zu bleiben oder in anderen Gefühlen unterzugehen, will ich unbedingt vermeiden. Ich lasse die Glasscheiben herab und lasse mir etwas einfallen. In diesem Moment sehe ich meine Schwester neben mir sitzen. Ich beginne mit meinem linken Arm zu rudern und meine Schwester verdoppelt meine Willensanstrengung mit ihrem rechten Arm. Und siehe da! Die äußeren Widerstände lassen sich überwinden. Mein Körperwille (Motor) schafft es auf die andere Seite, weil mein Ich-Wille Unterstützung erhalten hat.

Nach **Piero Ferrucci**[7] steht die Gefühls-Wasserlache im Traum in einem direkten Bezug zu meinem Willen, genauer gesagt: zum geschwächten Willen.

Er stellt Fragen wie:

Kommt es häufig vor, dass
- Sie Ihren Willen dem Willen anderer Menschen beugen?
- Ihr Wille durch Ihre Gefühle überwältigt wird wie zum Beispiel durch Depressionen, Wut oder Angst?
- Ihr Wille durch Ihre Trägheit gelähmt wird?
- Ihr Wille durch Gewohnheiten eingelullt wird?
- Ihr Wille sich durch Ablenkung auflöst?
- Ihr Wille von Zweifeln zernagt wird?[8]

---

7 Piero Ferrucci, Werde, was du bist, Selbstverwirklichung durch Psychosynthese, Basel 1985, Kapitel 6: Der Wille, S. 89 ff.
8 Ebd. S. 93

Der Wille ist ein Teil unserer Psyche und ein Ausdruck unserer Autonomie. Er ist der Schlüssel zur persönlichen Freiheit und Macht. Dank ihm sind wir den äußeren Umständen und den inneren Kräften nicht hilflos ausgeliefert. Nimmt der Wille aus den oben angeführten Gründen seinen Platz nicht ein, besetzen Angst, Depression, Groll, Verwirrung und ähnliche negative Gefühle den Willens-Bereich.[9]

Viele Menschen bleiben in solch schwierigen Gefühlen stecken.[10] Auf schwierigen Wegstrecken ist die Versuchung groß, sich irgendwann der Trägheit oder Erschöpfung zu ergeben und zu resignieren. Wenn es eng wird, wenn wir in die Angst geraten, brauchen wir Weite und Offenheit für neue, auf den ersten Blick sogar verrückt scheinende Ideen. Im Traum beginne ich zu paddeln und zeige vollen Einsatz.

Mein Einsatz hat zu diesem Buch geführt. Die verschiedenen Energy-Healing-Techniken mögen wie das Paddeln im Traum auf den ersten Blick etwas gar einfach und bescheiden erscheinen. Aber wie der Traum zeigt, dürfen wir darauf vertrauen, dass die geistige Welt unseren Willen und Einsatz verdoppelt. In Schwierigkeiten, im Leiden oder auch bei ganz alltäglichen Arbeiten sind wir auf Unterstützung angewiesen. Einmal brauchen wir Rat und Tat eines erfahrenen Spezialisten, einmal besteht die Hilfe in einem Präparat, einer Operation, einer Physio- oder einer Psychotherapie. Jede menschliche Begleitung wirkt

---

9 Ebd. S. 102
10 Wikipedia: In der Schweiz leiden laut einer Gesundheitsbefragung 22,2 % an einer leichten Depression, die aber bereits zu Leistungseinbußen bis zur Arbeitsunfähigkeit und zu körperlichen Beschwerden führen kann. 4,6 % leiden an einer mittleren und 1,9 % an einer schweren Depression. Fachleute sind sich inzwischen weitgehend einig, dass es „die Depression" nicht gibt und aus diesem Grund auch nicht „die eine" Depressionsbehandlung. Deshalb ist es für Betroffene sinnvoll und durchaus üblich, unterschiedliche Anläufe zu nehmen, bis er oder sie die hilfreiche Behandlung für sich gefunden hat.

sich therapeutisch aus. Wenn ein Mensch sich geschwisterlich mit uns und unserem Anliegen solidarisiert, gibt uns das einen Energieschub. Oft braucht es gar nicht viel. Ein kleiner Anstoß zur rechten Zeit kann dem geschwächten und bedrohten Willen wieder auf die Sprünge helfen.

Wenn der Wille wach und stark ist, kommen laut Roberto Assagioli und Piero Ferrucci gleich sieben Qualitäten zum Vorschein: Energie, meisterliches Beherrschen, Konzentration, Entschlossenheit, Durchhaltevermögen, Mut, Organisationsfähigkeit.[11] Dank solcher Qualitäten und Kräfte überwindet das Traum-Ich alle depressiven Gefühle und fährt sogar auf eine Anhöhe hinauf.

Auf der Anhöhe stelle ich das Auto bei einem Haus ab. Dort ist ein Mann mit seinen beiden Söhnen, die mit Holz hantieren. Wir kommen miteinander ins Gespräch, und der Mann erklärt mir, dass das Fahren durchs Wasser dem Auto nicht groß schade, es brauche nur viel mehr Energie.

Die Vergangenheit habe mich streckenweise sehr viel Energie gekostet, stellt mein Gesprächspartner im Traum sachlich fest. In den Wochen davor schleppte ich mich mehr schlecht als recht durch die Tage. Ob meine Energielosigkeit eine Folge der Corona-Erkrankung oder einfach eine Frühlingsmüdigkeit war, weiß ich nicht. In jener Zeit fühlte es sich für mich wirklich so an, als hätte ich keinen richtigen Boden unter den Füßen. Meine Willens-Anstrengungen und Schreib-Versuche führten überall und nirgends hin.

Aber mein Willensmotor sei durchaus intakt, wird mir im Traum versichert. Das beruhigt mich nicht nur im Traum.

Während ich noch mit dem Mann des Hauses über das Auto spreche, sammeln die Söhne die herumliegenden Holzscheite auf und werfen sie zum Schacht, der zur Heizung führt.

Holz ist gespeicherte Energie. Es ist immer gut, Energie vorrätig zu haben. Meine Aufmerksamkeit folgt den schwungvollen

---

11 Piero Ferrucci, Werde, was du bist, S. 104

Bewegungen der Jungen in Richtung Schacht. Dieser führt ins Innere des Hauses, wo auf mich eine neue Aufgabe wartet.
Ich gehe ins Haus und treffe dort auf zwei Mädchen. Das eine ist an den Beinen gelähmt und bewegt sich mit Hilfe eines niedrigen Holzfahrgestells fort. Ich wende mich diesem Mädchen zu. Wir richten uns so ein, dass das Mädchen vor mir auf seinem Wagen sitzt und ich ihm meine Hände auflege. Ich lasse Energie durch mich hindurch in seine Füße fließen. Zugleich fließen mir die Tränen in Strömen über die Wangen hinunter.
Mein Wille, das lahme Bein zum Laufen zu bringen, bringt zuerst meine eigenen Emotionen in Fluss. Die Tränen reinigen die Augen.
Ob das Traum-Ich die Heilung zustande bringt, verrät der Traum nicht. Den aussätzigen Mann soll Jesus mit seinem Willen und einer Handberührung im Nu geheilt haben. Bei uns dauert alles seine Zeit und ohne einen wachen Geist und fokussierten Willen dauert es noch länger. Mein Ziel für die nächste Lebensphase ist recht hoch gesteckt, aber es erscheint mir nach diesem Traum nicht unerreichbar.
Als ich meine Heilarbeit einmal kurz unterbreche, sehe ich oberhalb der Türe ein Schild mit dem Wort „Joy".

Joy nennt sich der Leiter des Instituts für Angewandte Intuition. Ich habe Joy F. Barbezat kennengelernt, als das gesellschaftliche Leben durch die Pandemie teilweise lahmgelegt war.
Kurz nach Abschluss meiner Amtszeit als Pfarrerin in der Reformierten Kirche[12] ließ ich mich im Ausbildungskurs in Energy Healing auf eine energetische und auch wissensmäßige Anhöhe führen und – wie der Traum zeigt – mitten hinein in meine neue Berufung, den Blick auf die Freude gerichtet.

---

12 Einen Querschnitt meiner Erfahrungen, Erkenntnisse und Geistesarbeit als Pfarrerin stellte ich im Buch zusammen: Dem wahren Menschen auf der Spur, Mauritius, 2018.

Auch Jesu ganzes Tun und Predigen zielte auf die Freude. Seine Bergpredigt beginnt er mit den Seligpreisungen. Die erste lautet: **„Freuen dürfen sich alle, die nur noch von Gott etwas erwarten und nichts von sich selbst; denn sie werden mit ihm in der neuen Welt leben."**[13]

Bin ich im Traum dem Menschen ähnlich geworden, der nach dem Verlassen des Autos nichts mehr von sich selbst (auf Griechisch autos) erwartet, sondern auf Gott vertraut und aus einer inneren Quelle Kraft, Weisheit, Ideen und Liebe schöpft?

Es gibt viele uralte und immer wieder neue Mittel und Wege, die Seele und das Bewusstsein in eine höhere Schwingung und in Freude zu versetzen. Gottesdienste, Rituale, Kraftorte, Meditation, Kontemplation, Kunst, Musik, Naturerlebnisse, Spaziergänge, Yoga, Sport – jeder Mensch findet hoffentlich seinen persönlichen Zugang zur Freude.

Meine Seele zeigte mir meinen Weg zur Freude in diesem Traum. Er war so klar, dass ich ihn im Gedächtnis behalten und am Morgen schriftlich festhalten konnte. Auch die Freude möchten wir festhalten oder immer wieder reproduzieren können. Dafür müssen wir den Weg oder unseren persönlichen Weg zur Freude kennen und verstehen. In der Außenwelt orientieren wir uns mit Landkarten, Wegweisern und Navigationsgeräten. Auch für die Orientierung in der Innenwelt gibt es entsprechende Hilfsmittel.

---

13 Mt 5,3

2. KAPITEL: **ICH WILL VERSTEHEN**

Wenn ich wissen will, wo ich stehe, suche ich mir auf einer Wanderung einen Wegweiser. Er verrät mir den Ort, die Höhe über Meer und die näheren und ferneren Ziele. Mit einer Landkarte kann ich mir einen größeren Überblick verschaffen und bei Bedarf die gegangenen Wege oder geplanten Strecken einzeichnen.

Und wo kann ich meine Traumreise einzeichnen?
Roberto Assagioli – er war Mediziner, Psychologe, Philosoph, Facharzt für Neurologie und Psychiatrie und lebte von 1888–1974 – hat eine **Landkarte der Seele** entwickelt und in seinem Buch **Psychosynthese**[14] veröffentlicht. Sein Schüler Piero Ferrucci schrieb von seinem Lehrer: „Er war ein wahrer alter Weiser, eine unerschöpfliche Quelle der Freude."[15] Auf seiner Seelen-Landkarte habe ich meinen Traum-Weg zur Freude gelb eingezeichnet.[16]

Zuerst führt die Fahrt durch bodenlos tiefes Wasser. Das Traum-Ich (5) muss ins Unbewusste (1) eintauchen und dort unter Einsatz aller Energien und Willenskraft und durch die Harmonisierung und Integration weiterer Persönlichkeitsanteile, wahrgenommen als Traum-Schwester, zu einem handlungsfähigen Ganzen werden. Danach führt der Weg das Traum-Ich durch das mittlere Unbewusste (2) auf die Anhöhe des Überbewussten (3). Auch da werden Energien befreit, die beiden Jungen können als neue aktivierte Impulse gedeutet werden. Im Gespräch zwischen

---

14 Roberto Assagioli, Psychosynthese, Prinzipien, Methoden und Techniken, Adliswil/Zürich, 2. deutsche Auflage 1988
15 Piero Ferrucci, Werde was du bist, S. 13
16 Assagioli, Psychosynthese, S. 29. Das Ei-Diagramm wurde von H. Widmer durch die gelbe Farbe ergänzt.

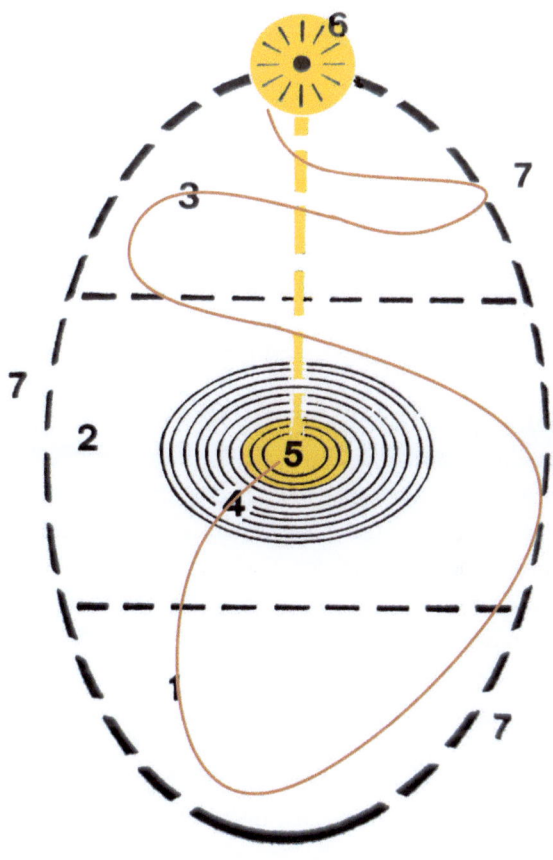

Frau und Mann werden männliche und weibliche, verstandesmäßige und gefühlsbetonte Persönlichkeitsanteile zusammengebracht. Es wird Rückschau gehalten, und dann kommt mein Reiseziel in mein Blickfeld.

Das Haus auf dem Berg ist für mich ein Symbol für das höhere Selbst (6). Da erfahren Körper und Seele Heilung, da strömt der Lebensfluss ungehindert, und Freude strahlt auf.

Annahme – Integration – Umsetzung

Annahme: Wir träumen viele Träume, die nie in unser Bewusstsein gelangen. Manchmal gelingt es dem bewussten Ich (5), aus dem Unbewussten Traumfetzen zu erhaschen. Wenn Träume oder Traumteile unser Interesse wecken, nimmt das bewusste Ich sie ins Bewusstseinsfeld (4) auf, es besteht aus einem „ununterbrochen fließenden Strom von Empfindungen, Bildern, Gedanken, Gefühlen, Wünschen und Impulsen, die wir beobachten, analysieren und beurteilen können".[17]

Integration: Schon durch das Aufschreiben des Traumes verbinde ich das Geträumte aktiv mit dem wachen Bewusstsein und auch mit meinem Körper und mache das Geträumte zu einem sichtbaren Teil meines Lebens. Zur Integration gehört auch die Traumdeutung. Ich will den Traum verstehen und verbinde dafür den Trauminhalt mit schon bekanntem Wissen und mit Erlebnissen der Vergangenheit, die möglicherweise oder offensichtlich in die Traumbilder eingeflossen sind.

Umsetzung:
Meistens überlasse ich die Umsetzung meiner Träume dem Zufall oder dem Leben. Träume, die mich sehr irritieren oder interessieren, stellen mich vor Fragen wie: Warum träume ich das jetzt? Was mache ich damit? Wie kann und soll ich diese Traumbotschaft umsetzen?
Wenn ich die nötige Muße aufbringe, setze ich mich in meine stille Ecke, entspanne mich und stelle mir die Verbindung vom Ich (5) zum höheren Selbst (6) vor und gehe in den *inneren Dialog*. Das Ich stellt eine Frage und hört, was das Höhere Selbst antwortet und in mein Bewusstseinsfeld einfließen lässt oder auch durch meinen Mund ausspricht. Damit mache ich etwas, was zu meinem Normalverhalten gehört, nur noch bewusster und

---

17 Assagioli, Psychosynthese, S. 30

mit klarer Absicht. Ehrlicherweise müsste ich zugeben, dass ich bei allem, was mir einfällt, bei all meinen Ideen und Mitteilungen nicht genau wissen und angeben kann, wie viel das Höhere Selbst und wie viel das Niedere Selbst, mein Ich, dazu beigetragen haben.

Ausführung zum Traum im inneren Dialog
Deine Fahrt kann in mehr Tiefe hineinführen, als du erwartest. Die Wasseroberfläche verbirgt ja, was darunterliegt. Man muss manchmal durch eine bodenlose Strecke gehen, um neuen Untergrund und Boden zu finden. Es ist gut, alle Handlungsmöglichkeiten auszunützen, die dich irgendwie voranbringen. Es ist gut, dich mit Frauen zu verbünden und so die Schwesternschaft zu verstärken. So schafft ihr es miteinander einen Berg hoch zu einem Haus, wo Heilung stattfindet. Darin wartet ein Wesen mit einem lahmen Bein. Es steht für alle Menschen, die neuen Boden und eine neue Verbindung finden müssen, damit sie wieder ins Laufen kommen können. Da du aus eigener Erfahrung weißt, wie sich Stagnation anfühlt, kannst du helfen und mit deinem gesammelten Wissen einen neuen, ungewöhnlichen Weg aufzeigen. Dies freut die Wesen der geistigen Welt, und auch dir soll auf der Reise in die Zukunft und aus deinem Tun viel Freude erwachsen.
Das setzt voraus, dass auch du in Fluss kommst, dass es durch dich fließt wie die Tränen im Traum, ganz natürlich ohne Krampf. Bringe deine Gefühle ein, und gib mit deinem Herzen Heilung. Berühre und lass dich berühren, so kann das Wasser des Lebens wieder fließen in Form von Himmelstränen, die Altes wegspülen und dir und den Mitmenschen eine neue Klarheit bringen.
Diese Reise und diese Aufgabe binden Joy mit ein. Er hat ja die Grundlage gegeben für die Heilwerkzeuge, die im Buch beschrieben werden.

3. KAPITEL: **ICH WILL MICH VERBINDEN**

Menschen, die ihre spirituelle Entwicklung fördern wollen, sind in Versuchung, ihren Blick und Willen vor allem nach oben zu richten und nach dem Höheren, Reineren und Geistigeren zu streben. Der Mensch gleicht aber ein wenig dem Baum. Er kann nur in seine volle Größe hineinwachsen, wenn er gut in der Erde verwurzelt ist.

Es ist wichtig, sich immer wieder bewusst mit der Erde zu verbinden. Im Alltag tun wir das, wenn wir auf Naturwegen wandern oder im Garten arbeiten. Im Haus drin müssen wir willentlich in der Vorstellung durch den Zimmerboden hindurchdringen und so mit der Erde in Kontakt gehen.

Ausführung zum Erdstern im inneren Dialog

Jeder Mensch hat unter seinen Füßen in der Erde einen Erdstern-Energiewirbel installiert. Er ist wie ein Magnet, er begleitet den Menschen und hilft ihm, standfest und bodenständig zu werden und zu sein. Der Mensch kann sich von dieser Magnetkraft abschirmen oder sie zu sich nehmen und sich damit stärken und kräftigen.
Mit diesem Erdstern-Chakra hatten die Menschen in der Vergangenheit eine sehr gute, selbstverständliche, jedoch unbewusste Verbundenheit mit der Erde. Sie hatten ein tiefes Bewusstsein, dass sie von der Erde

kommen und zur Erde zurückkehren, dass die Erde ihre materielle Lebensgrundlage ist, der nicht nur eine materielle, sondern auch eine spirituelle Kraft innewohnt. Für sie gab es noch keine Scheidung in unbelebte Materie und belebenden Geist.
Im 20. Jahrhundert haben viele Menschen dank der Teerstraßen und der Fortbewegung mit Autos, Straßen- und Eisenbahnen die Verbindung zu ihrem Erdstern-Chakra verloren. Sie haben sich bewusst unabhängig machen wollen von der Mutter Erde. Nach dieser Abnabelung konnten sie den Boden besser ausbeuten. Sie missachten und misshandeln quasi ihre eigene Mutter, wenn sie die Erde nur noch als Sache betrachten und ihr jede heilende Kraft absprechen. Alle spirituellen Aspekte der Erde sind bewusst abgespalten und dann vergessen worden.
Nun erwachen das Bewusstsein für das Fehlende und das Bedürfnis, das alte Wissen um die Verbindung der Menschenseele mit der Mutter Erde wieder aus dem Verschütteten auszubuddeln. Hat eine Seele den Erdstern unter den Füßen wieder geweckt und aktiviert, hat sie auch wieder eine direkte Leitung zum Seelenstern über dem Kronenchakra.

Im Energy Healing beginnt jede Handlung und Behandlung mit der vertikalen Verbindung nach unten und oben.

Verbindung nach unten

Ich vergewissere mich, dass ich gut auf dem Boden stehe. Eine Hand lege ich auf das Herz, meine seelische Mitte. Die andere Hand lege ich auf das Hara, mein Körperzentrum unterhalb des Nabels.
Ich verstärke meine Verbindung zur Erde, indem ich mir einen goldenen Faden vom Herzen über das Hara in die Erde hinab vorstelle, zum Erdstern-Energiewirbel und weiter hinab bis zum Erdmittelpunkt. Ich richte mein Bewusstsein und meine Bitte auf diejenigen Kräfte der Erde aus, die das Wachstum und Heilwerden fördern.

Verbindung nach oben
Ich verbinde mein Körperzentrum im Hara über das Seelenzentrum im Herzen zuerst mit dem persönlichen Höheren Selbst im Seelenstern-Energiewirbel über dem Kopf.
Dann gehe ich in der Vorstellung noch höher hinauf und verbinde mich mit immer höher schwingenden Energien, wie sie in der nächsten Zeichnung dargestellt sind.

Wie du die verschiedenen Schwingungsebenen benennen willst, entscheidest du selber. Vielleicht begnügst du dich auch damit, dir die goldenen Symbole vorzustellen.

Vertikale Verbindung

Quelle der göttlichen Liebe, Weisheit und des Lebens, Gott, das göttliche ICH-BIN, Schöpfer- und Heilkraft, der Schutz des Höchsten
Symbol: riesige goldene Kugel

Kosmisches Überbewusstsein, Akasha-Chronik oder Weltgedächtnis
Symbol: goldener See

Kollektives Überbewusstsein, geistiges Kraft- und Ideen-Reservoir, zu dem auch andere Ichs über ihr Höheres Selbst Zugang haben.
Symbol: Wolkenschicht

Höheres Selbst oder **Seelenstern**-Energiewirbel
Seine männliche Energiequalität verbindet die Seele mit der geistigen Welt.
Symbol: kleine goldene Kugel

Herz – Seelenzentrum, Verbindung von Himmel und Erde, der oberen und unteren Chakren
Hara – Körperzentrum, Beziehung zum Körper, Verbindung zur irdischen Realität

Erdstern-Energiewirbel unter den Füßen
Seine weibliche Energiequalität verbindet das Körpergefühl mit der Kraft der Erde.

Zentrum der Erde
Materielle und spirituelle Kräfte der Erde, die Wachstum, Heilung und Freude fördern.

Jesus und die vertikale Verbindung

Als Jesus betete, öffnete sich der Himmel. Die Geistkraft kam sichtbar auf ihn herab, anzusehen wie eine Taube. Und eine Stimme sagte vom Himmel her: „Du bist mein Sohn, dir gilt meine Liebe, dich habe ich erwählt."[18]
Jesus hat die vertikale Verbindung zwischen dem Menschen-Ich und dem ICH-BIN Gottes so sehr verinnerlicht, dass er sagen konnte:
„Was ich zu euch gesprochen habe, das stammt nicht von mir. Der Vater, der immer in mir ist, vollbringt durch mich seine Taten. Glaubt mir: Ich lebe im Vater, und der Vater lebt in mir."[19]
Jesus hat aus dieser Verbundenheit heraus gesprochen, geheilt, gelebt. Er hat sie aber nicht als sein exklusives Vorrecht verstanden, sondern gesagt:
„Jeder, der mir vertraut, wird auch die Taten vollbringen, die ich tue. Ja, seine Taten werden meine noch übertreffen, denn ich gehe zum Vater. Dann werde ich alles tun, worum ihr mich bittet, wenn ihr euch dabei auf mich beruft. So wird durch den Sohn die Herrlichkeit des Vaters sichtbar werden. Wenn ihr euch auf mich beruft, werde ich euch jede Bitte erfüllen."[20]
Jesus hat ganz gewöhnliche Menschen ausgewählt, sie mit der Gabe des Heiligen Geistes ausgestattet und als seine Mitarbeiter und Mitarbeiterinnen in die Dörfer geschickt mit der Anweisung:
„Wenn ihr in ein Haus kommt, sagt zuerst: ‚Gottes Friede sei mit diesem Haus.' Wenn dort jemand wohnt, der für diesen Frieden bereit ist, wird euer Wunsch in Erfüllung gehen. Andernfalls soll er wirkungslos bleiben. Esst und trinkt, was man euch vorsetzt, denn ein Arbeiter hat Anrecht auf seinen

---

18 Lk 3,21 f.
19 Joh 14,10b–11a
20 Joh 14,12–14

Lohn. Heilt die Kranken in der Stadt, und sagt den Leuten: ‚Gott richtet jetzt seine Herrschaft bei euch auf.'"[21]
Wir brauchen auch für das Energy Healing kein Gelehrtenwissen, viel wichtiger sind die ehrliche Absicht und Bereitschaft, mit der geistigen Welt zusammenzuarbeiten, respektive den eigenen Willen in Demut dem göttlichen Willen zu unterstellen. Die Weisheit der geistigen Welt geht weit über unseren Verstand hinaus. Sie setzt die Prioritäten oft anders als wir. Sie schenkt eine Heilung oft nicht so schnell oder in anderer Weise, als wir uns dies wünschen oder vorstellen. Deshalb ist es richtig und wichtig, unsere Bitten zu ergänzen mit der Bitte aus dem Unser-Vater-Gebet:
Dein Wille geschehe!
Bemerkenswert ist, dass Jesus nach der Rückkehr der von ihm Ausgesandten Gott nicht für die Heilungen dankt, sondern für den Erkenntnisgewinn der ausgeschickten Männer und Frauen:
„Vater, Herr über Himmel und Erde, ich preise dich dafür, dass du den Unwissenden zeigst, was du den Klugen und Gelehrten verborgen hast. Ja, Vater, so wolltest du es haben."[22]

Clemens Kuby hat eine Selbstheilungsmethode entwickelt und meint ebenfalls: „Heilung findet nur durch einen Bewusstseinsprozess statt. Insofern ist meine Methode eine Bewusstwerdungsmethode, und die Heilung ist ein Nebeneffekt davon." Kuby erwähnt darin, dass er vornehmlich mit der Intuition arbeite. Da sie frei ist von Raum und Zeit, kann er und kann jeder Mensch über die Intuition an die Ursache eines Problems und Leidens herankommen.[23]

---

21 aus Lk 10,5–9
22 Lk 10,21
23 Youtube-Film: Wie einen das Bewusstsein heilt, Gespräch mit Clemens Kuby

Die vertikale Verbindung wirkt wie ein Türöffner für Bewusstwerdung, Intuition und Heilung. Mit ihr setzen wir auch das erste und wichtigste Gebot von Jesus in die Tat um, die Gottesliebe: **„Liebt Gott von ganzem Herzen, mit ganzem Willen, mit ganzem Verstand und mit allen Kräften!"**[24]
In der vertikalen Anbindung müssen wir nicht wissen, woher uns etwas in den Sinn kommt. Ob wir es Eingebung, Einfall, Inspiration, Intuition oder Idee nennen, alles ist ein Produkt der Zusammenarbeit des Ich mit einem oder mehreren Teilen der Seele. Über das Höhere Selbst können wir uns mit der unendlich hoch schwingenden geistigen Welt verbinden, mit Gott.
Die vertikale Verbindung macht auch den Unterschied deutlich zwischen Egoismus und Selbstliebe. Während der Egoismus in erster Linie um das Ich oder niedere Selbst (5) kreist, schwingt in der Selbstliebe die Energie des höheren Selbst (6) mit. Dass dies eine unverzichtbare Voraussetzung ist für eine gesunde und für alle Beteiligten förderliche Nächstenliebe, macht Jesus mit dem zweiten Gebot klar:
„Liebe deinen Mitmenschen wie dich selbst!
Es gibt kein Gebot, das wichtiger ist als diese beiden."[25]
Jesus nimmt die Selbstliebe als Maß für die Nächstenliebe. Beide sollen ausgewogen gelebt werden. So können wir in einer gesunden Balance bleiben, wenn wir uns einklinken in den horizontalen Energiekreislauf, der alle Lebewesen der Erde miteinander verbindet.
Es ist von großem Vorteil, wenn wir die Verbindung zum Mitmenschen bewusst über das Höhere Selbst herstellen. Wenn das „Ich liebe dich" in einer Dreiecksverbindung gelebt wird, wird die Quelle der Liebe miteinbezogen und die Beziehung zwischen Ich und Du wird aus dieser geistigen Quelle ständig genährt und schwingungsmäßig angehoben, was dem Gefühl von Glück und Zufriedenheit sehr zuträglich ist.

---

24 Mk 12,29 f.
25 Mk 12,30 f.

Der Anschluss an die geistige Welt über die vertikale Verbindung bereichert und entlastet die horizontalen Verbindungen. Menschen, die sich von Gott, von der Liebe selbst geliebt fühlen oder wissen, geraten weniger in die Abhängigkeit von Menschen, die ihnen die Liebe versprechen. Ohne Verbindung nach oben erschöpft sich bald so manches Liebesgefäß.

Horizontale Verbindung

Wichtig ist, dass beide Personen einverstanden sind mit der Absicht, eine energetische Verbindung herzustellen.

Zuerst gehe ich mit meiner Absicht für mich selbst in die vertikale Verbindung. Dann ziehe ich einen geistigen Faden vom Hara und vom Herzen hinauf zu meinem Höheren Selbst und von dort horizontal zum Höheren Selbst des Du und hinunter zu seinem Herzen und Hara.

Einige Menschen nehmen diese Verbindung wahr als ein feines Einklinken, oder sie spüren den Energiefluss oder wie sich das Herz weitet. Andere spüren gar nichts, aber die Verbindung ist dennoch hergestellt, wenn die Absicht klar und die Verbindung von beiden gewollt ist.

Verbunden oder gebunden

Während eine Verbindung oder Verbundenheit in Selbst- und Nächstenliebe, in Freiheit und gegenseitiger Wertschätzung eingegangen und gelebt wird, beinhaltet ein Gebunden-Sein oder eine Bindung eine Verpflichtung und Abhängigkeit, oft auch ein Machtgefälle und Angst in ihren zahlreichen Ausprägungen.
Eine Verbindung wird immer wieder den wechselnden Bedürfnissen aller Beteiligten angepasst und kann zu gegebener Zeit auch wieder gelöst werden.
Eine Bindung kann als Druckmittel dazu benutzt werden, die Stimme der Selbstliebe auszutricksen und die Selbstliebe zu verzerren, entweder in Richtung Selbstsucht oder Selbstaufgabe. In Bindungen gibt es immer Gewinner und Verlierer.

Die Lösung aus ungesunden geistigen, seelischen, körperlichen und sozialen Bindungen und Abhängigkeiten ist eine wichtige Voraussetzung für eine Heilung.
Zur Psychohygiene gehört deshalb zuerst einmal die klare Unterscheidung zwischen Bindung und Verbindung. Manchmal kommen wir unserem Gebunden-Sein aber beim besten Willen nicht selber auf die Schliche, weil wir uns an die Bindung und den damit verbundenen Energieverschleiß oder Energiegewinn längst gewöhnt haben und gar nicht mehr wissen, wie es sich anfühlt, frei und in Selbstliebe zu sein. Wenn wir für das Problem sensibilisiert sind, kann uns ein Mensch auf die Sprünge helfen, der die Selbstliebe ebenso lebt wie die Nächstenliebe. Ob er uns im realen Leben oder in einem Film oder Buch begegnet, ist unwichtig. Wichtiger ist, dass wir selber mit unserer Aufmerksamkeit und Selbstliebe zu unserem Zentrum zurückfinden und künftig genauer achten auf das Gleichgewicht zwischen Selbstliebe, Nächstenliebe und Gottesliebe.

Bindungen auflösen

Sehr viele Menschen sehnen sich nach einer liebevollen Verbindung und finden sich früher oder später wieder in einer angstbesetzten Bindung mit Abhängigkeiten auf verschiedenen Ebenen. Erkennen wir den Unterschied, können wir in einer entspannten Atmosphäre zum Mitmenschen sagen: Ich möchte mit dir verbunden sein – in Liebe, Freude, gegenseitiger Achtung, Gleichwertigkeit, Freiheit –, und ich möchte jederzeit so frei sein, sagen zu können, wann, weshalb, in welcher Hinsicht ich mich in dieser Verbindung gebunden fühle oder einfach unwohl, unfrei, in die Enge getrieben oder zum Schweigen gebracht.
Eine an sich gewollte Verbindung von ungesunden Bindungen zu reinigen dient nicht nur der Selbstliebe, sondern ist auch eine Voraussetzung für die Nächstenliebe. Wie viel Frust, Angst und Wut, die sich in einer toxischen Bindung aufstauen, werden unbewusst an die Mitmenschen weitergegeben, vorzugsweise an solche, die auch abhängig sind wie die Kinder.

Verbindung trennen

Gehe ich aus einer Verbindung, aus einem Gespräch oder einer Heilbehandlung weg, kann ich die Trennung mit voller Aufmerksamkeit und doch still für mich vollziehen.
Will ich sie für das Du nachvollziehbar machen, schneide ich den imaginär gezogenen Faden zwischen meinem und seinem Höheren Selbst demonstrativ mit der Hand von oben nach unten durch und bekräftige dies mit einem Satz. Ich kann zum Beispiel sagen:
„Du bist da, und ich bin hier.
Jetzt bin ich frei von dir und du von mir."
Die Verbindung mit der geistigen Welt müssen wir nicht trennen.

Jesus und die horizontale Verbindung

Jesus lebte die vertikale und horizontale Verbindung intensiv und vorbildlich. Er strahlte die Heilenergie großzügig an seine Mitmenschen aus und verstand es meisterlich, nicht das Opfer der Bedürftigen und nicht das Objekt ihrer Begierden zu werden.
Als Jesus sich einmal durch eine Menschenmenge drängte, merkte er, dass jemand seine heilende Kraft in Anspruch genommen hatte. Er drehte sich um und fragte: „Wer hat mein Gewand berührt?"[26]
Energiearbeit fördert die Fähigkeit wahrzunehmen, ob eine Umgebung, Situation oder Gesellschaft mir guttut und mich mit Energie auflädt oder ob sie mir Energie raubt. Energieverlust in der anonymen Menge oder auch im persönlichen Kontakt ist eine Alltagserfahrung. Gerade diesen ziemlich häufigen Alltagserfahrungen sollten wir vermehrt unsere Aufmerksamkeit schenken und sie nicht als Bagatelle oder unvermeidbares Schicksal und zu ertragendes Übel abtun, wie die Jünger dies von Jesus fordern:
„Du siehst doch, wie die Leute sich um dich drängen, und dann fragst du noch, wer dich berührt hat?"
Jesus hielt nichts von Zufall und nichts von heimlichen Kontakten. Er erkannte die bewusste Absicht der Frau und wusste um das große Leiden hinter dem Energieraub.
Er blickte umher, um zu sehen, wer es gewesen war. Die Frau zitterte vor Angst; sie wusste ja, was mit ihr vorgegangen war. Darum fiel sie vor Jesus nieder und erzählte ihm alles.
Unterdrückte Gefühle, unausgesprochene Ängste und ungeklärte Beziehungen rauben oder blockieren Kräfte und wollen zur Sprache gebracht werden. Oft erfolgt der Hilferuf über die Körpersprache, über ein Leiden.

---

26 aus Mk 5,24–34

Die Frau hatte schon viele Behandlungen von den verschiedensten Ärzten über sich ergehen lassen. Ihr ganzes Vermögen hatte sie dafür geopfert, aber es hatte nichts genützt.
Viele Menschen sind wie diese Frau von chronischen Leiden geplagt. Wie viel von unserem Vermögen, unserer Zeit und Kraft opfern wir für Arztbesuche, Behandlungen, Operationen, Kuren, Medikamente!
Diese Frau hat ihr materielles Vermögen, ihre körperliche Gesundheit, ihre seelische Stärke und ihr Selbst-Vertrauen verloren. Sie mochte nicht mehr offen zu ihrer Hoffnung stehen. Aber ohne Hoffnung konnte sie auch nicht leben. Angst, Scham und Verzweiflung trieben sie dazu, Jesus heimlich zu berühren. Der Griff nach dem Gewand war ein Griff in sein Energiefeld. Die Frau erfuhr Heilung, hatte dafür Schuldgefühle und zitterte vor Angst. Jesus sagte nicht: „Ich, der große Heiland, habe dich geheilt." Nein, er sprach den kleinen Rest an Selbstvertrauen an, der ihr gereicht hat, ihre Not zu wenden. **„Dein Vertrauen hat dir geholfen."**
Jesus stärkte ihr Vertrauen, richtete die Frau auf und gab sie frei.
„Geh in Frieden! Du bist von deinem Leiden befreit."
Mit diesem Wort zum Abschied trennte Jesus die Beziehung zwischen sich und der Frau.

Ein Mensch, der über die vertikale Verbindung in der Selbstliebe ist, kann über die horizontale Verbindung in der Nächstenliebe sein und – wie einst Jesus – immer mehr und immer besser
- den Energiefluss in sich wahrnehmen, quantitativ und qualitativ,
- dem Du auf Augenhöhe begegnen und einen Zeit-Raum schaffen für ein Anliegen, einen Austausch, eine Heilung,
- wertschätzend bleiben auch in verstörenden Situationen,
- das Problem zur Sprache bringen und so dazu beitragen, dass ein geistig-seelisch-körperlicher Knoten sich auflösen kann,
- sich und den Mitmenschen nach dem Austausch wieder freigeben für den je eigenen Weg.

Innerer Dialog
Heute wächst das Bewusstsein für partnerschaftliche Verbindungen im Ehe- wie im Arbeitsleben. In den unbewussteren Schichten sitzt und wirkt aber immer noch die negativ-patriarchale Energie, die von den Frauen verlangt, über ihre Kräfte hinaus zu geben und ihre Mitmenschen sowohl körperlich wie auch seelisch-geistig mit Energien zu nähren aus dem Selbstverständnis heraus: Ich bin die gute Mutter, die für alle gut sorgt und à discrétion gibt.
Die Mütter können sich ein Vorbild nehmen an den Tiermüttern. Ab einem bestimmten Zeitpunkt jagen oder beißen sie ihre Jungen weg. Sie lassen sich nicht aussaugen von den größeren Kindern, die selber für sich sorgen könnten. Ebenso sind wir Menschen immer wieder aufgerufen, sowohl auf der biologischen als auch auf der energetischen Ebene unsere Grenzen zu setzen und zu verteidigen. Es ist unsere Verantwortung, für uns und die Mitmenschen Klarheit zu schaffen und nicht über die eigenen Kräfte hinaus zu geben.

4. KAPITEL: **ICH WILL FREI SEIN**

Im Vorhof des Tempels sah Jesus die Händler, die dort Rinder, Schafe und Tauben verkauften; auch die Geldwechsler saßen dort an ihren Tischen. Da machte er sich aus Stricken eine Peitsche und trieb sie alle aus dem Tempelbezirk, mitsamt ihren Rindern und Schafen. Er fegte das Geld der Wechsler zu Boden und warf ihre Tische um. Den Taubenverkäufern befahl er: „Schafft das hier weg! Macht aus dem Haus meines Vaters keine Markthalle!"[27]

Diese Szene mag sich tatsächlich so ereignet haben, sie ist aber auch von hoher symbolischer Bedeutung für uns heute, denn ein paar Verse weiter hinten stellt Johannes klar: **Mit dem Tempel meinte Jesus seinen Leib.**[28]

Unseren Leib sollen wir also reinigen, wie Jesus den Tempel gereinigt hat. Das tun wir mehr oder weniger regelmäßig und mit verschiedenen Hilfsmitteln und Aktivitäten.

Wir nehmen ein Bad oder gehen schwimmen, wir duschen oder stellen uns in den Regen und befreien uns vom Schmutz, vom Schweiß und zugleich auch von unsichtbaren Unannehmlichkeiten. Wir unternehmen einen Spaziergang oder eine Kletterpartie, joggen durch die Landschaft oder lassen uns auf einem Vehikel den Wind ins Gesicht blasen in der Hoffnung, so den Kopf frei zu bekommen.

Wir gehen auf den Sportplatz oder in die Disco, ins Fitnessstudio oder in die Physiotherapie in der Hoffnung, die Verspannungen loszuwerden, die sich während des langen Sitzens bei der Arbeit, im Auto oder Zug eingenistet haben und unseren Körpertempel besetzen.

---

27 Joh 2,14 ff.
28 Joh 2,21

Es ist wichtig, die Reinigungsrituale sehr bewusst durchzuführen und in einem guten Kontakt mit Körper und Seele zu sein, sodass man merkt, was und wie viel dem Körper und der Seele Erleichterung bringt und Freude macht.

Schütteln als Reinigungsritual

Suche dir ein Musikstück, das deine Schüttel-Arbeit unterstützt und dich bei Laune hält. Und dann genieße es, dich zu schütteln und zu lockern vom Kopf bis zu den Zehen und in die Fingerspitzen hinein.
Schüttle jetzt nicht den Kopf wie die gelehrten Köpfe in Jerusalem dies taten, als Jesus im Tempel seine Schüttelaktion inszenierte, sondern probiere es einfach aus, und achte auf die Wirkung!
Wichtig ist, dass du nicht zu schnell wieder aufhörst, weil sich der Kopf vernünftig und über solchen Unsinn erhaben dazwischenschaltet und dir einredet, das bringe eh nichts.
Mit Schüttelbewegungen lockern wir die dysfunktionalen biologischen Schwingungen in unserem Leib-Seele-Tempel und geben ihnen die Chance, sich neu zu ordnen.
Viele Menschen laufen im Alltag in einem desorganisierten Zustand umher. Es funktioniert in uns drin nicht alles so reibungslos, wie es eigentlich vorgesehen wäre. Unsere Verdauung funktioniert nicht ordentlich, oder es schmerzt ein anderer Bereich. Vieles ist in uns drin verhockt im wahrsten Sinn des Wortes, weil wir in unserer Gesellschaft zu wenig Bewegung haben. Oder wir sind gestresst und finden keine Ruhe, weil sich das gedankliche Karussell nicht abstellen lässt.
Stell dir ein Mobile vor, das komisch schwingt. Durch eine Berührung oder leichtes Schütteln wird es zuerst in eine noch größere Unordnung gebracht. Aber danach kann es sich wieder einpendeln in einer harmonischen Schwingung.
Auch beim Schütteln ist es wichtig, dass du die Absicht nicht vergisst, die du mit dem Schütteln verbindest.

Jesus hat im Tempel seine Absicht kundgetan und energisch in die Tat umgesetzt, ob es den Tempelherren und den störenden Energien passte oder nicht: Der Tempel, mein Leib, soll offen und frei sein, damit der göttliche Geist darin wohnen mag.
Was willst du loswerden, und wofür willst du frei sein?
Wenn du klar bist in deiner Absicht und sie auch benennst, schüttelst du alle fremden Energien ab, die dieser Absicht im Wege stehen, dazu die Verunreinigungen, die sich in der Aura und im Körper abgesetzt haben.

Durchs Schütteln werden Gewohnheiten, Haltungen und Muster unterbrochen. Die kleinsten Energieblockaden zwischen einzelnen Zellen werden aufgeweicht. Der ganze Körper – alle Organe, die Haut, die Ausscheidung, die Durchblutung – wird beim Schütteln angeregt, kommt in Bewegung und kann sich neu ordnen, um künftig besser zusammenzuarbeiten – wie ein ausgewogenes Mobile.
Wenn du das Schütteln zu Musik machst, die eine gute Schwingung hat, unterstützt sie dich und potenziert die Wirkung. Denn alle gelockerten energetischen Partikel, die du nicht mehr brauchst, die deiner Absicht entgegenstehen oder dich schädigen, werden durch die Musikschwingungen und -frequenzen aufgenommen und von dir weggetragen. Weil die Musik Harmonie ist, werden durch ihren Klang und die Schwingungen die störenden Energien harmonisiert und energetisch recycelt. Wenn du das Schütteln ohne Musik machst, besteht die Gefahr, dass das, was du abschütteln möchtest, in der Nähe bleibt und sich danach wieder in dir festsetzt.
Beim Musikhören und Schütteln verändern sich mit der Zeit die Wellen, nicht nur die Hirnwellen, sondern die Energien im ganzen Körper-Seele-Tempel. Im besten Fall stellen sich die langen Wellen ein, wo das Neuschreiben der Programme möglich ist.
Deshalb darfst du auch nicht zu früh aufgeben. Es braucht einige Zeit, ein paar Minuten.
Nur ganz kurz durchschütteln und dann wieder zur Tagesordnung übergehen, ist besser als nichts, aber doch schade. Es macht wirklich Sinn, dass du das Schütteln ein paar Minuten intensiv durchhältst und merkst, dass es anstrengend ist. Es ist gut, wenn du ein wenig außer Atem kommst.

Das kräftige Atmen befördert auch energetische Schlacken hinaus. Der Intellekt kann recht hinderlich sein, wenn man in einer Transformation ist. Wenn du alles schüttelst, kannst du nicht gleichzeitig großartige Gedankengänge wälzen. Das Schütteln unterbricht dein Denken und reduziert dich auf die Empfindungen.

Wenn du alles herausschüttelst, was dir durch den Kopf geht, wirst du freier, leerer und offener für das, was in dir aufsteigen will oder was von oben zu dir herabkommen will, was wirklich wesentlich ist. Ist der ganze Gedankenmüll erst mal entsorgt, gibt es einen Neustart, nicht automatisch, sondern vom Schütteln und von der klaren Absicht unterstützt.
Nach dem Durchschütteln und Reinigen benutzt **Jesus** den Tempel, um zu heilen und zu lehren. Besonders faszinierend und geheimnisvoll tönt für mich, was Jesus im Dunkel der Nacht dem gelehrten Nikodemus über den Neustart verrät. Er spricht von der **Neugeburt im Geiste.**
„Was Menschen zur Welt bringen, ist und bleibt menschlich. Geistliches aber kann nur vom Geist Gottes geboren werden. Wundere dich nicht, wenn ich dir sage: Ihr müsst alle von Neuem geboren werden. Der Wind weht, wo es ihm gefällt. Du hörst ihn nur rauschen, aber du weißt nicht, woher er kommt und wohin er geht. So ist es auch bei denen, die vom Geist geboren werden."[29]
Die Neu-Geburt im Geiste können wir nicht machen, nicht einmal mit unserem Verstand begreifen. Aber wir können unsere Absicht auf sie richten und das Menschliche in uns reinigen und alles entfernen, was der Geistgeburt im Wege steht.
Das Schütteln ist ein Anfang.
Was gelockert worden ist oder was sich im Körper-Seele-System noch nicht richtig festgesetzt hat, können wir energetisch aussieben.

---

29 Joh 3,6 ff.

Sieben als Reinigungsritual

Für diese Technik können wir uns einen Hula-Hoop-Reifen besorgen. Er unterstützt unser Vorstellungsvermögen und unsere Absicht. Aber wirklich nötig ist er nicht. Denn das Sieben geschieht im Geiste mit fester Absicht, klarer Ausrichtung und geistiger Unterstützung.

Ich verbinde mich vertikal nach unten und oben. Ich formuliere meine Absicht: „Ich siebe alles, was mir nicht mehr dient, weg."
Ich kann mein Anliegen auch konkreter formulieren:
Ich siebe auf der körperlichen Ebene Medikamentenreste oder Giftstoffe aus. Im Gefühlsbereich können es durchgestandene Ängste und Schockerfahrungen sein, und im mentalen Bereich sitzen Vorurteile, fixe Vorstellungen, böse Erinnerungen oder Ahnungen, die meine Lebensfreude trüben.

Vor dem Sieben entscheide ich, und beim Sieben spreche ich dezidiert aus, womit ich nicht länger belastet sein will und dass ich frei sein möchte für die Freude, für die schönen Dinge und Erlebnisse und für liebevolle Gefühle und Gedanken.
Ich bitte die geistige Welt, sie möge das Sieben so differenzieren und dosieren, dass es zum Wohl aller geschieht. Ich halte den materiellen oder imaginierten Reifen über den Kopf und führe ihn langsam über den Körper nach unten in der Absicht, dadurch die energetischen Partikel aus meinem Körper-Seele-System herauszufiltern, die mir nicht mehr dienen.

Das Sieben wird dreimal durchgeführt.
Beim 1. Mal siebe ich mit der Absicht, die eher groben Dinge aus dem Körper und aus der Aura herauszufiltern.
Beim 2. Mal gilt meine Absicht den feineren Verschmutzungen, Verknüpfungen, Blockaden und Abfällen.
Beim 3. Mal siebe ich jede einzelne Zelle durch und befreie sie von all dem, was den Energiefluss behindert oder forciert.

Entsorgung
Abfälle müssen sorgfältig entsorgt werden.
Ich kann das Herausgesiebte nach jedem Mal mit klar geäußerter Absicht direkt an die imaginierte kosmische Recyclingstation schicken, oder ich kann die Abfälle der drei Durchgänge zusammennehmen und in einem imaginären Abfallsack nach oben schicken mit der Bitte um Entsorgung oder Verwandlung in neutrale Energie.

Wenn ich einen Mitmenschen durchsieben will, verbinde ich mich mit ihm übers Höhere Selbst, und wir klären miteinander die Absicht. Der Rest des Rituals bleibt sich gleich.

Achtung: Wenn die herausgesiebten Energien nicht bewusst nach oben geschickt werden mit der Bitte, sie zu entsorgen oder umzuwandeln, können sie zur behandelnden oder zur behandelten Person zurückfließen.

Sieben im Alltag

Das Kind kommt von der Schule nach Hause. Es ist offensichtlich, dass es ihm nicht gut geht. Vor oder nach dem Erzählen, was alles vorgefallen und energetisch noch sehr präsent ist, kann sich das Kind selber durchsieben oder durchsieben lassen.

Alle schwierigen und belastenden Energien, Gefühle und Äußerungen werden zur Entsorgung an die **kosmische Recyclingstation** geschickt.

Das Sieben stärkt das kindliche Bewusstsein. Ein von negativen Gefühlen, Gedanken und Erlebnissen gereinigtes Kind kehrt ganz anders in die Klasse zurück. Aus dem hilflosen Opfer wird ein selbstverantwortlicher und tätiger Mensch.

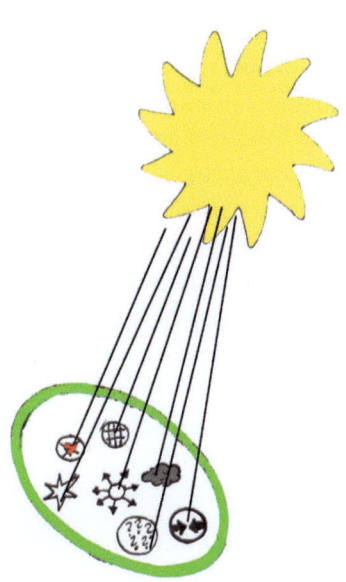

Das Zusammenleben wird spürbar entspannter und durch ein spielerisches Element oder Ritual bereichert.

Das Siebritual hilft auch den Eltern. Sie sind den Vorkommnissen in der Schule nicht völlig ausgeliefert und können die Situation zu Hause mit dieser Technik entdramatisieren. Sie regen sich nicht unnötig auf und rufen: „Ach herrje, wie kommst du wieder heim! Das ist ja furchtbar! Was machen wir denn jetzt?" Sie können ruhig bleiben und beim Aussieben einer dramatischen Geschichte oder eines verstörenden oder verletzenden Erlebnisses dem Kind nahe sein und ihm zum Beispiel sagen:
„Du bist verletzt worden, und du weißt jetzt, wie sich dieses Gefühl anfühlt. Wo spürst du es vor allem? Was genau hat dich in dieses Gefühl hineingebracht? Und diesen Grund, diese Geschichte rings um das Gefühl, verletzt zu sein, sieben wir jetzt weg. Die Erfahrung des Gefühls bleibt dir. Um diese Erkenntnis bist du heute reicher geworden. Du kannst jetzt entscheiden, ein solches Verletzt-Werden einem anderen Menschen nicht zuzumuten."
Die Eltern wissen ja, dass ihre Kinder viel ausprobieren und Erfahrungen sammeln und auch Gefühle erleben wollen.
Sie können den Kindern sagen: „Verlieren ist zwar ein ungutes Gefühl, doch die Welt geht nicht unter, wenn man ein Spiel verloren hat. Auf der anderen Seite ist jemand, der gewinnen konnte und dieses gute Gefühl genießen kann. Ein anderes Mal ist es wieder umgekehrt."
Nicht nur die Kinderwelt muss entdramatisiert werden.

Dramen

Viele Menschen nehmen die Außenereignisse unbesehen und unbewusst in sich herein und produzieren damit ein innerliches Drama.

Diese Dramen sind künstliches, aufgebauschtes Gefühl und kosten enorm viel Kraft, vor allem Herzkraft, denn die Gefühle werden im Herzen empfunden.

Gefühle und Empfindungen bereichern das Leben und die Beziehungen, sie verleihen der Kommunikation und den Handlungen eine gewisse Farbigkeit, sie flößen den Ideen Leben ein und verstärken die Intuition. Ohne sie wäre das Leben öde und kalt. Aber wir müssen und sollen nicht ihre Opfer werden.

Mit dem **Sieben** lösen wir die Identifikation eines Menschen mit einem Gefühl, einem Gedanken, einem Wunsch oder mit einer erlebten Geschichte.

Um die Befreiung aus der Identifikation mit einem Teil des Menschseins klarzustellen, hat Assagioli eine Formel geprägt, die sich auf alle Ebenen anwenden lässt:

„Ich habe einen Körper, aber ich bin nicht mein Körper."
„Ich habe Gefühle, aber ich bin nicht meine Gefühle."
„Ich habe Wünsche, aber ich bin nicht meine Wünsche."
„Ich habe einen Geist und Verstand, aber ich bin nicht mein Geist und Verstand."[30]

Indem ich das Ich von einem Gefühl, einem schmerzenden Körperteil oder einem Erlebnis unterscheide, setze ich eine Distanz dazwischen und gebe dem Ich mehr Freiraum. Nun kann das Ich sich die Frage stellen:

---

30 Assagioli erklärt seine Disidentifikations-Übung ausführlich in: Psychosynthese, S. 136–139, Ferrucci zitiert die Kurzversion in: Werde, was du bist, S. 84

Wer bin ich, und was ist das Ich?

Im Ei-Diagramm ist das **Ich oder personale Selbst** (5) die Mitte, umgeben vom Bewusstseinsfeld (4).[31]

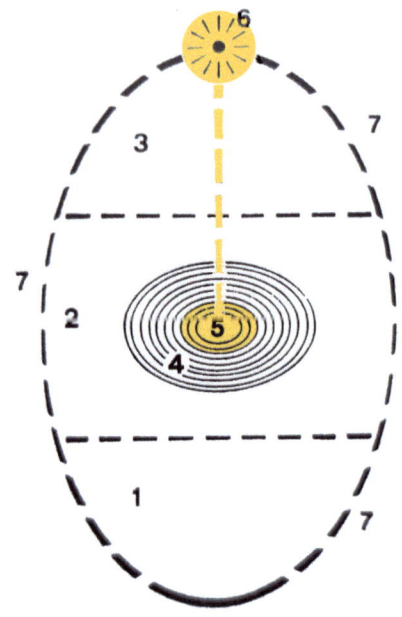

Von der Mitte aus nimmt das Ich wahr, was ist, was es eben erlebt hat, was es beschäftigt.
Das Ich weiß aber klar: Ich bin nicht das Bewusstseinsfeld. Ich bin nicht das, was andere von mir sagen. Ich bin nicht das Verhalten, das man mir vorwirft oder von mir erwartet.
Das Ich kann selber entscheiden, was und wie das Ich denken, fühlen, wahrnehmen will, wie es auf eine Bemerkung reagieren will, wie es sich und die Situation regulieren und seine Kräfte und Möglichkeiten koordinieren will. Das Ich bestimmt, worauf es seine Aufmerksamkeit richtet, und es weiß: Meine Aufmerksamkeit verleiht Energie, und die Energie folgt meiner Aufmerksamkeit.

Was ich heraussiebe und zur imaginären kosmischen Recyclingstation schicke, entlasse ich bewusst aus meiner Aufmerksamkeit. Danach bin ich frei und kann meine Aufmerksamkeit auf jene Dinge lenken, die mir Freude machen, auf Ziele, die ich für mein Wohl und Wachstum als wesentlich erachte.

---

31 Assagioli, Psychosynthese, S. 29, gelb eingefärbt durch H. Widmer

Neugeburt im Geist

Nach Assagioli will das Ich oder personale Selbst (5) eine immer höhere Bewusstheit erlangen. Im Diagramm entspricht das einer Erweiterung nach oben. Diese Entwicklung gipfelt im transpersonalen Selbst (6). Die Linie zwischen 5 und 6 ist quasi der geistige Geburtskanal.

Jesus Christus sagte: **„Ich bin der Weg."**[32]
Wir können Jesus als ein Ich verstehen, das vor zweitausend Jahren in einem Körper inkarniert war und seinen ganz eigenen Weg gegangen ist von der Geburt bis zum Tod, wie alle Menschen dies hier auf ihre Art tun. Das Besondere an Jesus von Nazareth ist, dass er auf diesem horizontalen Menschenweg den Titel ‚Christus', der von Gott Gesalbte, zugesprochen und mehrmals bestätigt bekommen hat.
Jesus ist damit ausgezeichnet worden für seinen vertikal ausgerichteten geistigen Weg vom Ich zum höheren Selbst. Die Seele von Jesus Christus hatte die Größe und Kraft, die Demut, die Liebe und den Willen, diese Verbindung zu halten und mit der geistigen Quelle allen Lebens, die er Vater nannte, verbunden zu bleiben.
So verschieden die Menschenwege auch sind, es gibt für alle nur diesen einen geistigen Weg. Aber es gibt verschiedene Wegbeschreibungen. Jede zeigt den Weg aus einer etwas anderen Perspektive, in anderen Bildern und betont andere Aspekte.
Die Evangelien beschreiben den Weg von Jesus, dem Christus. Viele Märchen kleiden denselben Weg oder einzelne Wegabschnitte in Bilder. Sie waren ursprünglich weniger für die Kinder als für die Erwachsenen gedacht, deren seelisches Wachstum sie fördern sollten.
Assagioli hat in seinem Ei-Diagramm den Weg für den verstandesorientierten Menschen des Abendlandes dargestellt, und

---

32 Joh 14,6

was er als Psychosynthese bezeichnet und praktiziert hat, zielt auf diesen Weg. Er stellt sich damit in eine lange Tradition und schreibt:
„Wichtige Lehren und Beispiele zu Theorie und Praxis dieser Umwandlung innerer Energien können im indischen Yoga gefunden werden, in der christlichen Mystik und Askese und in den Arbeiten über spirituelle Alchemie; einiges wurde auch von der Psychoanalyse beigetragen. Wir besitzen also genügend Elemente, um eine Wissenschaft von den psychischen Energien *(Psychodynamik)* zu begründen und um verlässliche und angemessene Techniken zu entwickeln, mit welchen die erwünschten Veränderungen bewirkt werden können."[33]

In den letzten Jahrzehnten hat die Lehre von den Chakren den Weg aus dem Osten in den Westen gefunden und sich hier über Lehrer, Bücher und das Internet verbreitet.
Wenn wir uns im Energy Healing vertikal verbinden, benutzen und stärken wir den senkrechten Verbindungskanal zwischen den Chakren. Jedes der sieben Hauptchakren des Körpers hat zwei Öffnungen, eine ist nach vorne und eine nach hinten gerichtet. Diese beiden sind horizontal miteinander verbunden.

---

33 Assagioli, Psychosynthese, S. 43

5. KAPITEL: **ICH WILL IN FLUSS KOMMEN**

Ein Bach oder Fluss hat sein Bett, das er sich selber geschaffen und immer wieder umgestaltet hat. Viele Bachläufe und Flüsse wurden vom Menschen korrigiert, kanalisiert und in Röhren verlegt, um die Kraft und Unberechenbarkeit des Wassers zu zähmen und fruchtbares Ackerland zu gewinnen. Durch die Kanalisierung lässt sich die Wasserkraft auch gezielt für die Stromgewinnung nutzen.
Ebenso durchdringt die Lebenskraft den ganzen Körper, jede einzelne Zelle wird versorgt. Es gebe aber auch besonders starke und wichtige Energiebahnen durch den Körper, behauptet die Lehre von den Chakren. Das Energy Healing baut auf diesem Wissen auf.

Die Chakren

Es wird angenommen, dass die Lehre von den Chakren ihren Ursprung in Indien hat. Das Wort „Chakra" stammt aus dem Sanskrit und bedeutet „Rad" oder „Scheibe". Um 1500 v. Chr. wurden Chakren erstmals in hinduistischen Texten erwähnt und später von buddhistischen und tibetischen Traditionen übernommen. Die sieben Hauptchakren werden von hellsichtigen Menschen als sich drehende Energieräder gesehen, die entlang der Wirbelsäule verlaufen. Jedes Chakra wird mit einer anderen Farbe, einem Element, einer Emotion, einer Drüse und einem Körperbereich in Verbindung gebracht.
Die Chakren werden als Mittel zum Ausgleich von Geist und Körper betrachtet. Man glaubt, dass sie bei der körperlichen, emotionalen und geistigen Gesundheit helfen können und körperliche oder emotionale Probleme verursachen, wenn sie aus dem Gleichgewicht geraten sind.

Viele Menschen in Ost und West nutzen Chakra-Meditation oder eine der verschiedenen Yoga-Formen, um die Chakren auszugleichen und dadurch den Energiefluss anzuregen oder zu harmonisieren. Es gibt keine wissenschaftlichen Beweise für die Behauptung, dass man durch die Chakren den Körper oder den Geist heilen kann. Viele Menschen glauben jedoch an die Wirkung der Chakren und nutzen sie, um ihre Gesundheit und ihr Wohlbefinden zu verbessern.[34]

Seelenstern oder Höheres Selbst 8
Kronen-/Scheitel-Chakra
(Zirbeldrüse) 7
Stirn-Chakra/Drittes Auge
(Hirnanhangdrüse) 6
Hals-/Kehlkopf-Chakra
(Schilddrüse) 5
Herz-Chakra
(Thymusdrüse) 4
Solarplexus
(Bauchspeicheldrüse) 3
Sakral-/Steißbein-Chakra
(Keimdrüsen) 2
Basis-/Wurzel-Chakra
(Nebennieren) 1

Gezählt werden die Körper-Chakren von unten nach oben.
Wichtige Nebenchakren befinden sich an den Händen, Knien und Füßen.

Erdstern-Energiewirbel

34 aus: www.anahana.com: Was sind Chakren

Das achte Chakra oder Höhere Selbst

Im Höheren Selbst nehmen wir uns wahr als Teil des größeren Ganzen. Da fühlen wir die Verbindung mit den höheren Welten, mit dem kollektiven und dem kosmischen Überbewusstsein und mit dem Göttlichen. Hier erkennen wir die unendliche Freiheit unseres Bewusstseins und finden über den vertikal gezogenen goldenen Faden wieder zu unserer wahren Bestimmung. Ich habe deshalb die Chakren-Zeichnung erweitert mit dem Symbol für das Höhere Selbst, das auch als Seelenstern bezeichnet und als achtes Chakra gezählt wird. Es hilft uns wahrzunehmen, was unseren normalen Sinnen nicht zugänglich ist, und zu wissen, was unser Verstand nicht fassen mag. Im Energy Healing beziehen wir es fleißig mit ein.
Auch die Nebenchakren sind sehr wichtig.
Wir verstärken unsere Erdung über die Fußchakren und den Erdstern. Über die offenen und sensibilisierten Handchakren können wir Energien in ihrer Stärke und ihrem Fluss wahrnehmen.

Wie aus der schematischen Darstellung ersichtlich wird, sind alle Körperchakren über Energiebahnen miteinander verbunden. Sie haben zwei oder gar drei Räder oder Energiewirbel, über die sie mit der Umwelt Energien austauschen.
Das geht umso leichter, je offener und freier die Chakrenräder schwingen.

Chakren schließen und öffnen
Nicht alle Energien um uns herum sind angenehm, wohltuend und stärkend. In manchen Situationen wünscht die Seele, sich zu schützen, und zieht einen energetischen Schieber gegen unliebsame Energien. Solange die Angst der Seele groß ist, sind die Schieber auf einer oder auf mehreren Ebenen geschlossen. Dann kann die geistige Welt diese Bahnen nicht verbinden.
Wenn von der Seele grünes Licht kommt in Form von Freude, Lust und Neugier, dann kann eine Energieröhre aufgehen und die Verbindung wiederhergestellt werden.

Verstopfte Energiebahnen
Eine besonders heikle Stelle ist die Kreuzung der Energiebahnen zwischen den Trichtern. Dort sind die Bahnen versiegelt, sodass sie in dieser Konfiguration bleiben.

Dieser enge Teil verstopft oft aus physiologischen, emotionalen oder mentalen Gründen.
Der eingelagerte energetische Schutt verlangsamt den Spin der Trichter oder stoppt ihn sogar.

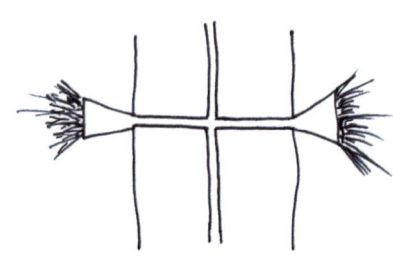

Eine reduzierte Lebensenergie verursacht Erkrankungen der Organsysteme und leidvolle Erfahrungen.
Damit die Energiebahnen und Chakren ihre Aufgaben richtig erfüllen können, brauchen sie unsere Aufmerksamkeit, Pflege und hin und wieder eine Reinigung.
Mit den nun folgenden **Übungen** und **Reinigungstechniken** können wir einiges vom Dunklen, Schweren, Verwirrenden und Beängstigenden aus der Aura entfernen und mit unserer klaren Absicht zur universellen Recyclingstation und ins Licht schicken.

Horizontale Chakren reinigen

Alle sieben Körperchakren haben einen Energiewirbel, der nach vorne gerichtet ist, und einen, der nach hinten zeigt.
Über eine Röhre sind sie miteinander verbunden. Und entlang dieser Röhre reinigen wir die Chakren. Das tun wir in der Vorstellung, im Geist. Es sind ja energetische Verbindungen, die sich nicht materiell feststellen und messen lassen, wir können sie aber wahrnehmen über die Handchakren. Mit dieser Übung zu zweit reinigen wir nicht nur die Chakren, sondern schulen zugleich die Wahrnehmung der feinstofflichen Vorgänge und

Energien. Wir schulen unsere Intuition, indem wir sie anwenden im Vertrauen auf Hilfe von oben, aus der geistigen Welt. Deshalb ist die vertikale Verbindung unverzichtbar.

Verbindung vertikal und horizontal herstellen

Das Du steht, während ich an den unteren Chakren arbeite. Die Reinigung weiter oben ist besser auszuführen, wenn das Du sitzt.

Chakren ausloten

Ich beginne bei den Füßen. Ich reibe mir die Hände und halte die Handchakren einige Zentimeter vom Körper weg auf die Energiewirbel. Ich erspüre vorne und hinten die horizontale Ausdehnung des Fußchakras.

Die Chakren strahlen normalerweise 40–50 cm weit über den Körper hinaus. Was wir etwa 10 cm vom Körper weg spüren, ist der Ätherkörper. (Siehe Anhang)

Reinigen, visualisieren und ausgleichen

Ich halte eine imaginäre Flaschenbürste mit beiden Händen und ziehe sie auf der Verbindungslinie zwischen den beiden Trichtern hin und her. Dabei stelle ich mir vor meinem inneren Auge die Linie in der Farbe des Chakras vor.
Vielleicht sehe, spüre oder weiß ich sogar, ob die Farbe rein oder ob sie verschmutzt und verdunkelt ist. Ich reinige die Verbindung sorgfältig und liebevoll, bis die Farbe für mich gefühlsmäßig stimmt. So gleiche ich den Energiestrom aus und verstärke die Chakrenwirkung.

Die Fuß- und Knie-Chakren sind Verlängerungen des Wurzelchakras und schwingen auf der gleichen Frequenz wie die Farbe Rot.

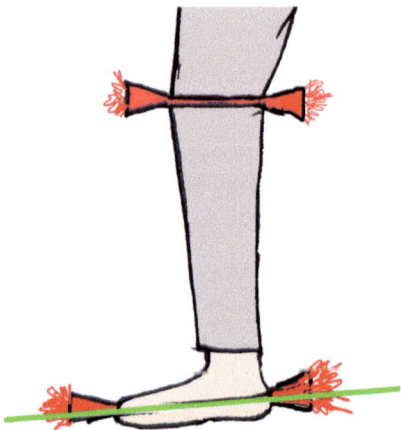

Das Du kann sich in dieser Zeit vorstellen, wie Energie aus der Erde und/oder von oben in sein Energiesystem einfließt und die Leerstellen auffüllt, die durch die Reinigung und Erweiterung entstehen.

In die Länge ziehen
Ich weite dieses farbige Band aus, indem ich es imaginär – mit meiner klaren Absicht und mit den Handbewegungen sichtbar gemacht – wie einen Teigstrang in die Länge ziehe.

Stabilisieren und **Filter setzen**
Am neuen Endpunkt schraube ich die Ausstrahlung imaginär fest. Wenn nötig, setze ich einen Filter ein gegen eine erneute Verunreinigung oder Schwächung kombiniert mit der Bemerkung ‚solange es ihn braucht'.
Ich mache dasselbe bei beiden Knien.
Danach werden alle horizontalen Chakren ausgemessen, gereinigt, in die Länge gezogen und stabilisiert. Je höher hinauf ich komme, desto empfindlicher sind diese Verbindungen und erfordern größere Sorgfalt.

Beim **Stirnchakra** achte ich auf die schräge Ausrichtung.

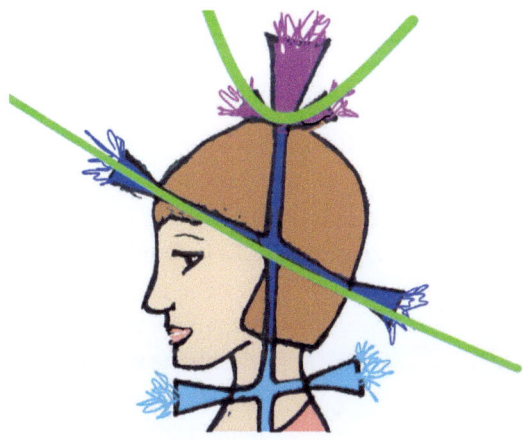

Das weiß oder violett leuchtende **Kronenchakra** reinige ich im 90Grad-Winkel. Ich stelle mir am höchsten Punkt der Schädeldecke eine Öse vor und ziehe eine imaginäre Schnur durch sie hin und her, auf und ab. Ich deute diese Bewegung wie auf der Zeichnung mit meinen Händen an.
Den mittleren vertikal ausgerichteten Trichter des Kronenchakras lasse ich vorerst noch weg. Er ist Teil der vertikalen Reinigung.

Vertikale Chakren reinigen

Nun widmen wir uns den vertikal ausgerichteten Trichtern im Wurzel- und Kronenchakra wie auch den Nebenchakren an Händen und Füßen.
Diese Chakren liegen auf oder parallel zu den **Meridianen**, mit denen in der traditionellen chinesischen Medizin (TCM) gearbeitet wird.
Die Meridiane sind Energie-Bahnen direkt unter der Haut und durchziehen den ganzen Körper. Sie verbinden alle Organe und Gewebe miteinander und versorgen sie mit Energie. Da die Meridiane wie die Chakren das Äußere des Körpers mit dem Inneren verbinden, haben die Meridiane und ihre Behandlung einen nicht zu unterschätzenden Einfluss auf die Psyche.

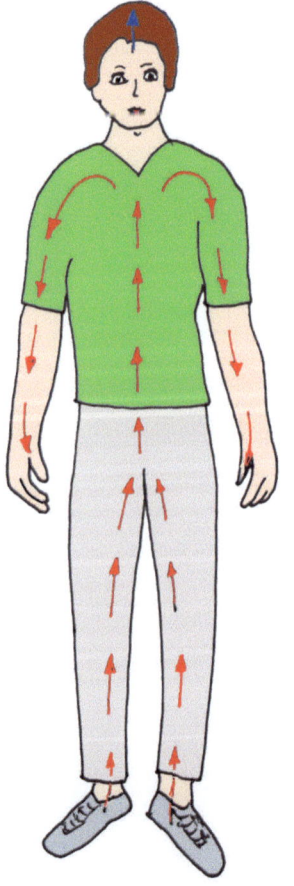

Ohne über das spezifische Wissen der Traditionellen Chinesischen Medizin zu verfügen, können wir im Energy Healing dennoch den Energiefluss zwischen den Chakren und in den Meridianen anregen und harmonisieren und damit krankheitsauslösende Energiestaus und -löcher abschwächen.
Grob vereinfacht gesehen, fließt vorne weibliche Yin-Energie nach oben bis zum Mund, und hinten fließt die männliche Yang-Energie nach unten.

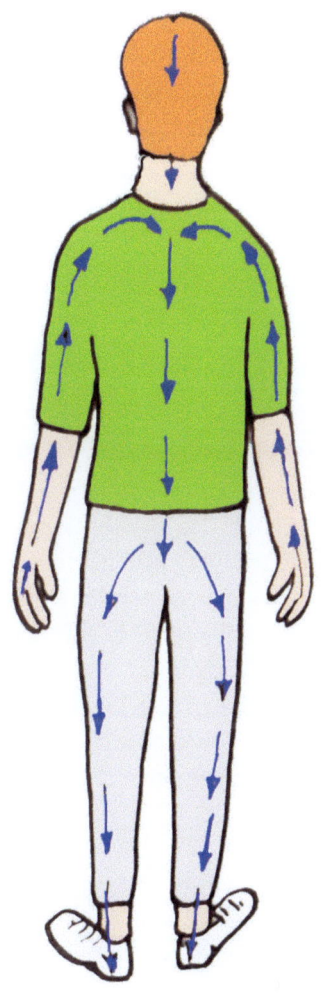

Wenn wir in den Hand- und Finger-Chakren schon feinfühliger sind, können wir einige Zentimeter über dem Körper wahrnehmen, wo es mehr und wo es weniger Energie gibt: oben oder unten, links oder rechts (was eher selten vorkommt). Häufiger sind die Yang- und die Yin-Energie unausgeglichen, was sich als Energiegefälle zwischen vorne und hinten zeigt.

Selbstliebende Menschen sind dafür besorgt, dass alle Energiebahnen und -zentren funktionstüchtig und gut miteinander verbunden sind, sodass sie harmonisch miteinander schwingen. Unser Energiesystem ist mehr gefordert, als uns bewusst ist.

Wir gleichen das ganze energetische Körper-Seele-System mit unserer Aufmerksamkeit aus und unterstützen unsere klare Absicht mit schwungvollen Handbewegungen.

Grundsätzlich kann man dieses Ausstreichen im Stehen durchführen. Im Liegen ist die Entspannung jedoch größer, und damit fließt die Energie auch leichter.

Das Du legt sich zuerst auf den Rücken.
Ich beginne vorne etwas unterhalb der Fußsohle beim Erdstern-Chakra. Mit der Reinigung des unteren Fuß-Chakras stärke ich zusätzlich die Erdung und vergrößere die Basis, was wiederum Auswirkungen hat auf die oberen Chakren.

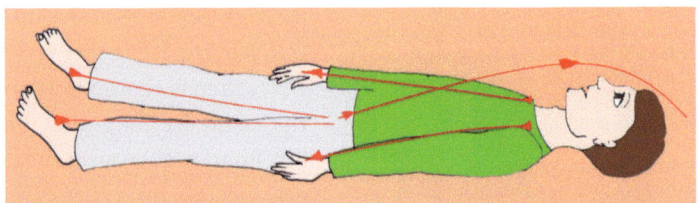

Von hier reinige ich die Energiebahnen in beiden Beinen entlang der **Yin-Meridiane** bis zum 1. Chakra. Da diese Energie auf der Innenseite der Beine hochfließt, gehe ich nicht zu nahe an den Körper, da dies zu intim wäre. Ich vollziehe jede Bewegung mindestens dreimal zügig bis schwungvoll und doch sorgfältig hin und her mit klarer Betonung der Pfeilrichtung.
Danach reinige ich die Energiebahn zwischen dem Wurzel- und Kronenchakra und schließlich noch vom Bauch oder Herzen her über die Innenseite der Arme bis in den Daumen.

Das Du dreht sich auf den Bauch.

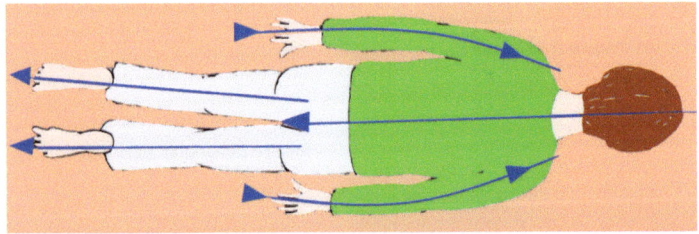

Ich verstärke den Fluss der **Yang-Energie** entsprechend der Pfeile ebenfalls mit je dreimaligem Ausstreichen mit der Absicht auszugleichen und zu energetisieren.

Bei den Fingern und im Mund wechselt die Energie von Yin zu Yang. Und an den Füßen wechselt sie von Yang zu Yin.
Stelle ich zum Beispiel einen Yang-Stau im Rücken fest, so ziehe ich die überschüssige Yang-Energie von dort die Beine hinunter bis zum Fuß-Chakra und von da wieder vorne hinauf in die Yin-Bahnen, damit sie sich dort einbringt und verteilt.
Ist im Bauch zu viel Yin-Energie, so ziehe ich sie über den Kopf in die Yang-Bahnen im Rücken.

Gelenke und Wirbelsäule reinigen

Wie ein Chakra kann ich auch ein Gelenk oder die Bandscheiben der Wirbelsäule reinigen. Selbstverständlich ist dafür anatomisches Wissen hilfreich. Aber dies ist über das Internet ja gut verfügbar, sodass du dir mithilfe eines Bildes das Gelenk besser vorstellen und gezielter deine Reinigungsbewegungen ausführen kannst.
Achte aber dennoch gut auf dein Gefühl und deine Intuition, und vergiss nicht: Es sind die vertikale Verbindung, deine klare Absicht, deine Aufmerksamkeit und Liebe, die eine Linderung oder Heilung begünstigen, indem du wegputzt, was ihr im Wege steht.

Chakren verbinden

Das Herzchakra ist das Seelenzentrum, und im Körper verbindet es die oberen Chakren mit den unteren.
Ob ich die Ausstrahlung der Chakren spüre oder nicht, ich verbinde sie mit meiner Gedankenkraft und Absicht und halte dafür meine Hände etwa 50 cm über dem Körper.

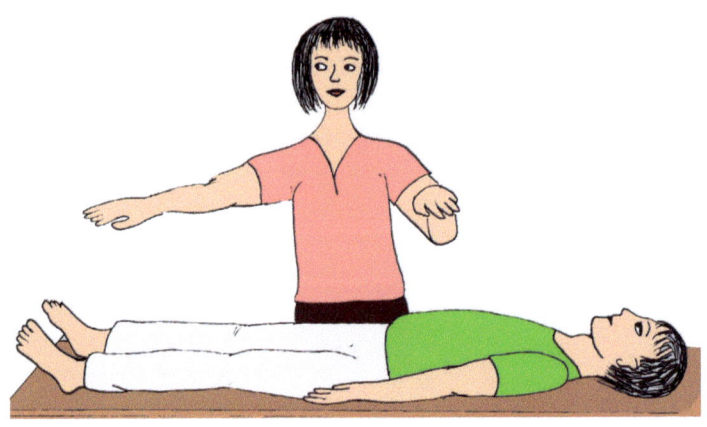

Bin ich wie auf der Zeichnung dargestellt rechts vom Du, von seinem Kopf aus gesehen, so halte ich die linke Hand über seinem Herzchakra und die rechte Hand im gleichen Abstand über die Chakren beider Füße, danach beider Knie und übers 1., 2. und 3. Chakra.

Dann wechsle ich die Hände, lege die rechte auf das Herzchakra, und die linke Hand wandert zum Hals-, Stirn- und Kronenchakra.

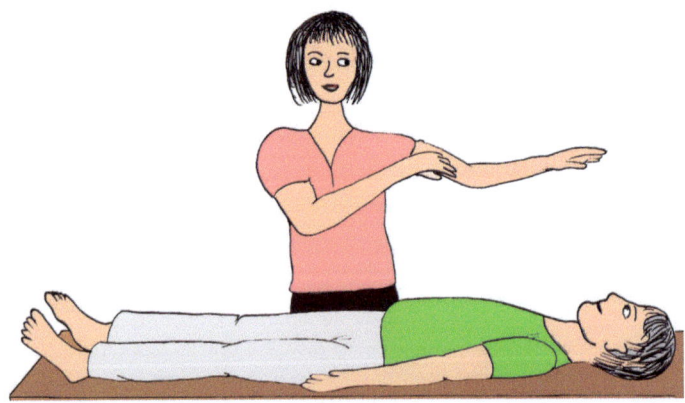

Das Du dreht sich auf den Bauch.

Von oben nach unten verbinde ich ebenfalls alle Chakren mit dem Herzen. Beim Solarplexus wechsle ich die Hände wieder. Das Du kehrt sich wieder auf den Rücken und erhält zum Abschluss noch den himmlischen Segen in Form von **Engelsstaub**.

Segnen mit Engelsstaub

Menschen sind sehr empfindlich am Kopf und am Bauch. Deshalb kläre ich vorher ab, wie nahe oder direkt die Berührung sein soll, ob ich den physischen Körper berühren darf oder 10 cm darüber auf dem ätherischen Körper arbeiten soll.

Wie gebe ich Engelsstaub, wenn das Du liegt?
Ich sitze oder stehe rechts vom Du und lege die linke Hand fein auf oder leicht über seinen Kopf, der Daumen zeigt auf das Stirn-Chakra.
Die rechte Hand lege ich auf oder leicht über das Hara, sein Körperzentrum unterhalb des Nabels. So bleibe ich rund 1 Minute lang.
Dann hebe ich beide Hände 10 cm hoch und führe beide Daumen und Zeigefinger über dem Herz-Chakra vom Du zu einem Herzen zusammen.
Ich ziehe die Energie vom Herzen hoch und verteile sie mit Fingerflattern aus der Höhe in Form von imaginärem Engelsstaub über seinen ganzen Körper.
Ich streife in etwas Abstand über seinen Körper hinunter, erst danach berühre ich seinen Körper. Je nachdem, was mir angemessen erscheint oder was wir zuvor abgemacht haben, streiche ich seine Beine aus und massiere die Füße.

Wie gebe ich Engelsstaub, wenn das Du sitzt?
Ich lege die rechte Hand auf oder über die Stirn mit dem Daumen auf dem Dritten Auge und die linke Hand auf oder über den Unterbauch mit Daumen auf dem Bauchnabel.

Nach 1–2 Minuten führe ich die Hände über dem Herzen zusammen, ziehe sie zum Scheitel hoch und lasse Engelsstaub übers Kronen-Chakra und den ganzen Körper hinunterrieseln. Je nach persönlicher Beziehung, Abmachung oder Vereinbarung schließe ich diesen Teil mit einer freundschaftlichen Umarmung. Danach trenne ich die Verbindung.

6. KAPITEL: **ICH WILL ZUR FREUDE FINDEN**

Mein Traumziel ist die Freude. Dahin führt mich der Traum über verschiedene Etappen. Schon auf dem Weg habe ich mehrfach Grund, mich zu freuen. Einen Körper zu haben und damit ein ‚Auto' zu besitzen, das für die Lebensreise auf der Erde taugt, ist keine Selbstverständlichkeit, sondern ein Grund zur Freude. Jedes Erlebnis in der Natur und in der Gemeinschaft kann zur Lebensfreude beitragen. Im Traum freue ich mich, heil durch das stehende Wasser zu gelangen. Ich freue mich über die Idee und den Mut, die Fenster zu öffnen, über die spontane schwesterliche Hilfe, das Meistern der Herausforderung und das Vorwärtskommen bis zur Ankunft auf dem Berg.

Der Berg hat im Traum wie in der Mythologie vieler Völker und auch in der Bibel eine hohe symbolische Bedeutung. Der Berg verbindet wie der Regenbogen Himmel und Erde, jedoch dauerhaft und fassbar. Auf einen Berg kann ich körperlich gehen. Im Matthäusevangelium ist Jesus für seine Predigt auf einen Berg gestiegen, im Lukasevangelium wird sie als Feldpredigt bezeichnet. Der Berg soll wohl den Eindruck vermitteln oder bestärken, dass Jesu Worte besonders hochstehend und vom göttlichen Geist inspiriert sind.

Zu meiner Freude hat Jesus seinen Worten die Freude, ja die Glückseligkeit vorangestellt. Gleich neunmal werden wir mit der in Aussicht gestellten Freude gelockt, über uns und unser natürliches Verhalten und Sein hinauszuwachsen:

„Freuen dürfen sich alle, die nur noch von Gott etwas erwarten und nichts von sich selbst, die unter der Not der Welt leiden, die keine Gewalt anwenden, die brennend darauf warten, dass Gottes Wille geschieht, die barmherzig sind, die ein reines Herz haben, die Frieden schaffen, die verfolgt werden, weil sie tun, was Gott verlangt."[35]

---

35 Zusammenfassung aus Mt 5,2–12

Der heilige Berg wird zum Mittelpunkt der Welt, er ist ein Bild der Welt.[36] Mehr oder weniger in der Mitte der ersten drei Evangelien steht die Geschichte von der Verklärung Jesu auf einem Berg. **Jesus wählte drei Jünger aus und führte sie auf einen hohen Berg. Sonst war niemand bei ihnen. Vor den Augen der Jünger ging mit Jesus eine Verwandlung vor. Sein Gesicht leuchtete wie die Sonne, und seine Kleider wurden strahlend weiß. (…) Die drei Jünger waren vor Schreck ganz verstört. Sie waren in tiefen Schlaf gefallen. Als sie erwachten, sahen sie Jesus in seiner ganzen Hoheit und Moses und Elija an seiner Seite. (…) Da kam eine Wolke und warf ihren Schatten über sie. Eine Stimme aus der Wolke sagte: „Dies ist mein Sohn, dem meine ganze Liebe gilt; auf ihn sollt ihr hören!"**[37]

Renate Schwarb, die Illustratorin dieses Buches, hat sich dem Geschehen auf dem Berg der Verklärung malend angenähert. Der silberweiße senkrechte Lichtstrahl könnte die Stimme Gottes andeuten, er ist umgeben von der Spirale in Gold, der symbolischen Farbe für das Göttliche. Das ausstrahlende Licht bricht sich in alle Regenbogenfarben.

Die Verklärungsgeschichte wie auch das Titelbild kann in uns die Sehnsucht wecken nach der Glückseligkeit, der reinen Freude.

---

36 aus: Gerd Heinz-Mohr, Lexikon der Symbole, München 1998, S. 51
37 aus Mk 9,2–8, Mt 17,1–8 und Lk 9,28–35

Die sieben Farben können wir ansehen wie eine Leiter, die uns in immer höhere Energieschichten hinaufführt. Ein zu schnelles Aufsteigen kann gefährlich werden.

Jesus hat nur drei Jünger mitgenommen, und auch sie waren auf dem Berg von der hohen Energie zunächst überfordert und ganz verstört. Jesus musste ihre Seelen schützen, indem er sie zeitweise in Tiefschlaf versetzte.

Warum wollte Jesus sie dennoch dabeihaben?

Jesus brauchte Zeugen für diese Gipfelerfahrung. Er wollte die Verklärung nicht allein für sich erleben. Aus zweitausendjähriger Distanz sagt er uns noch heute: Seht, das ist auch euer Weg und euer Ziel.

Wir können nicht mehr wie der Jünger Thomas sagen: **„Wir wissen den Weg nicht."** Wir haben in den Evangelien eine mehr oder weniger genaue Beschreibung des geistigen Weges, **„der zur Wahrheit und zum Leben führt."**[38]

Wir haben aus allen Teilen der Welt und aus verschiedenen Kulturen und Zeiten Zeugnisse, und wir haben viele verschiedene Methoden und Techniken, die uns beim Aufstieg und der Verwandlung und Neugeburt im Geiste behilflich sein können. Es wird Zeit, dass wir wie die Jünger aus dem Tiefschlaf erwachen und uns an die Arbeit machen. Sie beginnt mit der Reinigung. Nach körperlichen Arbeiten und nach dem Aufstehen reinigen und erfrischen wir unseren Körper ja auch oberflächlich mit Wasser. Im Auto-Traum wird mein Auto im stehenden Wasser gebadet und gründlicher gereinigt, als ich erwartet habe.

Wenn wir seelisch-geistig arbeiten, beginnen wir ebenfalls mit einer tiefen inneren Reinigung. Während und nach dieser Arbeit sollten wir bewusst sehr viel Wasser trinken.

Nach der Tiefenreinigung meines Autos geht es durch immer höhere Energieschichten hinauf auf den Berg. Die Luft wird dünner, die Sicht klarer, das klärende Gespräch über die Vergangenheit

---

38 Joh 14,6

und den bisherigen Weg öffnet dem Traum-Ich die Türe ins Haus der Zukunft, wo Heilung und Freude warten.

Die sieben Schichten der Aura

Unser Körper-Seele-Geist-Tempel ist durchdrungen und umgeben von verschieden hoch schwingenden Energien. Hellsichtige Menschen können sie sehen in den Farben des Regenbogens. Zusammen bilden die sieben Energieschichten unsere Aura. Jede Schicht ist mit dem gleichfarbigen Chakra verbunden und schwingt in derselben Frequenz.
Unsere natürlichen Augen sehen diese Aurafarben nicht, aber mit etwas Übung können wir die Schichten und ihre Energien mit den Handchakren spüren. Die bisher erklärten und fleißig geübten Energy-Healing-Techniken sind eine gute Vorbereitung, und die folgenden Erklärungen zu den einzelnen Seelen- oder Auraschichten sollen die Neugier und Skepsis des Verstands befriedigen. Und dann braucht es doch noch etwas Mut, sich vertrauensvoll auf das einzulassen, was es für die Augen nicht gibt.

Mit dem **Wurzelchakra** verbunden ist die **Äther- oder Gesundheitsschicht**. Diese recht niedrig schwingende Energie erfüllt unseren ganzen Körpertempel und geht noch ein paar Zentimeter darüber hinaus. Eine Krankheit ist zuerst im Ätherkörper sichtbar oder spürbar und kann dort schon im Anfangsstadium abgefangen werden.
Durch eine Krankheit reduziert sich die Ätherschicht an der entsprechenden Stelle auf 5 cm oder sogar noch weniger. Bei einer Energiestauung kann sich diese Schicht auf 17–30 cm ausdehnen.

Der **Emotionalkörper** oder **Gefühlskörper** lässt sich 30–40 cm vom Leib entfernt wahrnehmen. Er ist verbunden mit dem **Sakralchakra**.

Darin sind das Selbstbewusstsein, die Empfindungen und Gefühle, alle bewussten und unbewussten Ängste und Aggressionen gespeichert sowie auch unser Umgang mit all diesen Energien.

Der **Mentalkörper oder Gedankenkörper** reicht bis 100 cm über den physischen Körper hinaus. Er beherbergt den Willen, die Intelligenz, die Klugheit wie auch Denkmuster und Lebensstrategien und ist verbunden mit dem Solarplexus.

1 Ätherkörper oder Gesundheitsaura 2–15 cm

2 Emotionalkörper 30 cm

3 Mentalkörper 60–100 cm

4 Spiritueller Körper

5 Seelenkörper

6 Kosmischer Körper

7 Nirwanischer Körper

4, 5, 6 und **7** bilden zusammen den **Kausalkörper**.

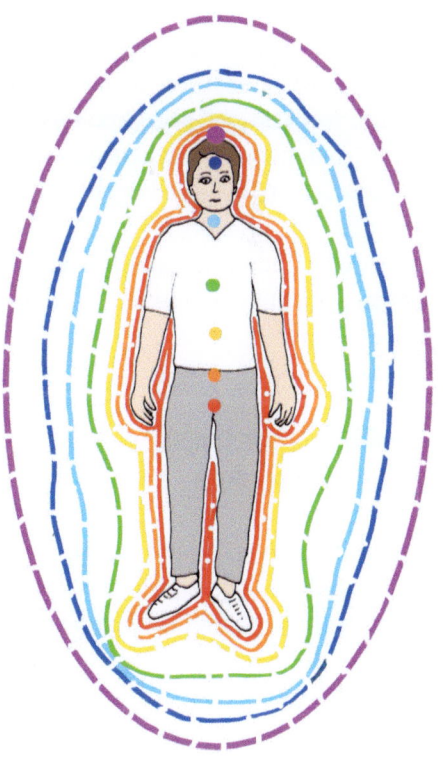

Der **Kausalkörper** umfasst die äußeren vier höher schwingenden Schichten der Aura. Ihre Ausdehnung variiert sehr stark von Mensch zu Mensch entsprechend seiner Gesundheit und seelischen Entwicklung.

Ich kann jede Schicht des Kausalkörpers einzeln bearbeiten oder die Aura wie von ganz außen mit der Energie meiner Aufmerksamkeit tätscheln, ordnen, glätten. Da diese Schichten unter Umständen über den Raum hinausreichen, nehme ich meine mentale Ausrichtung zu Hilfe und formuliere meine Absicht leise oder laut: Ich gehe nun zum Kausalkörper und klopfe sorgfältig, glätte und reinige die ganze Aura wie von außen. Vertraue bei dieser heilsamen Reinigungsarbeit auf deine Intuition, deine klare Absicht und liebevolle Vorgehensweise!

Die äußere Form der Aura gleiche einem Ei, verraten uns hellsichtige Menschen. Diese Symbolform ist uns schon im Ei-Diagramm von Assagioli begegnet. Das Ei steht für den Beginn des natürlichen Lebens, und es erinnert uns an den höchsten Sinn unseres Lebens: die Wiedergeburt aus dem Geist.

Im Anhang findest du ausführlichere Informationen zu den einzelnen Schichten der Aura.

Die Aura wahrnehmen, glätten und reinigen

Verbindung vertikal und horizontal herstellen.
Ich stehe, das Du sitzt oder steht.

Absicht formulieren: Ich möchte jetzt den 1., 2., 3. usw. Körper vom Du spüren.

Kontaktaufnahme: Ich gehe im Rücken des Du mit beiden Händen sorgfältig in Kontakt mit der anvisierten Aura-Schicht und sage still für mich oder auch hörbar zum Du: Ich gehe jetzt in Kontakt mit der 1. Auraschicht, dem Ätherkörper.

Da die Energie der Aufmerksamkeit folgt, spüre ich die gewünschte Schicht, auch wenn der Abstand nicht ganz stimmt. Dennoch schadet es nicht, die ungefähre Dichte einer Schicht respektive den Abstand der äußeren Hülle einer Schicht vom physischen Körper zu kennen.

Meine Absichtserklärung ist besonders nötig und hilfreich bei den äußeren Schichten, da deren Ausdehnung von Mensch zu Mensch stark variiert. Eine Aura kann leicht über einen Raum hinausreichen. Da müssen wir mit der Imagination arbeiten.

Behandlung: Ich stelle mir vor meinem inneren Auge diese Schicht wie ein Duvet vor. Mit etwas Übung kann ich in den Händen spüren, ob diese Schicht Knäuel und Löcher aufweist. Sie vermindern ihre Schutzfunktion und stören den Energiefluss. Ich bleibe im Fühlen und verliere mich nicht in abschweifenden Gedanken, sondern unterstütze meine Absicht gedanklich, indem ich mir sage: Ich will ausgleichen und heilen, während ich dieses ‚Duvet' mit Handbewegungen um den ganzen Körper herum abtaste, leicht klopfe, ausschüttle und ausstreiche.

Sieben: Ich entferne drei Mal alle gelockerten Einlagerungen und nicht mehr dienlichen Energien und schicke sie zur Entsorgung an die universelle Recycling-Station.

Verbinden aller Schichten: Sind alle Körper der Aura vom Ätherkörper bis zum Kausalkörper gereinigt, gehe ich behutsam wieder zurück, indem ich jede Schicht mit der nächstinneren verbinde. Dafür halte ich eine Hand auf die äußere Schicht, und die andere lege ich auf die innere Schicht und verbinde sie in Gedanken; die Ätherschicht verbinde ich durch eine Handberührung mit dem physischen Körper.

Abschluss mit **Engelsstaub**
Bewusste Trennung beider Energiesysteme

Jesus sagte nicht nur: „**Ich bin das Licht für die Welt**", er spricht dasselbe auch uns zu: „**Ihr seid das Licht für die Welt.**"
Wir sollen dieses Licht auch zeigen: „**Eine Stadt, die auf einem Berg liegt, kann nicht verborgen bleiben. Auch zündet niemand eine Lampe an, um sie dann unter einen Topf zu stellen. Im Gegenteil, man stellt sie auf den Lampenständer, damit sie allen im Haus Licht gibt. Genauso muss auch euer Licht vor den Menschen leuchten: Sie sollen eure guten Taten sehen und euren Vater im Himmel preisen.**"[39]
Wie kann eine solche gute Tat aussehen? Wir können zum Beispiel eine Lichtsäule erstellen.

Lichtsäule

Ich wähle eine Musik mit einer schönen fließenden Melodie, die den Energiefluss begleitet und unterstützt.
Ich hole mit meinen Händen die lichtvolle Energie von oben herab, führe sie in der Vorstellung durch die Aura und den Körper nach unten, indem ich die Hände vor und neben meinem Körper zu den Füßen hinabsenke und die Energie der Erde übergebe.
Ich vertraue darauf: Die Energie folgt meiner Aufmerksamkeit. Ich stelle mir vor, wie ich erwartungsvoll, freudig und dankbar die Energie entgegennehme und

---

39 Mt 5,14–16

sie bedächtig oder beschwingt durch meinen Körper und meine Aura nach unten fließen lasse. Ich nehme die Hände seitlich wieder hoch und wiederhole die fließende Bewegung mehrmals voller Freude.

Dann verbeuge ich mich vor der Erde und empfange ihre Energie und führe sie vom Erdstern her durch meine Aura und den Körper hindurch nach oben und schenke sie über dem Kopf der geistigen Welt. Ich lasse die Hände wieder sinken und bücke mich, bis die Hände den Boden berühren. Auch diese Bewegung wiederhole ich, bis ich mich gut geerdet und zugleich leicht fühle.

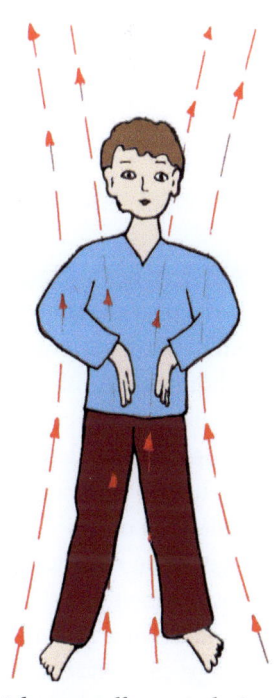

Auch mit dieser Übung stärken wir unsere Imaginationskraft. Je vertrauter wir werden mit dieser Art zu sehen, zu denken, zu fühlen und zu handeln, desto mehr Möglichkeiten eröffnen sich uns, mit der Energie noch gezielter und wirkungsvoller zu arbeiten. Wir können eine solche Licht- oder Energiesäule für uns selber erstellen und genießen, wir können sie auch außerhalb von uns imaginär errichten und anderen Menschen zur Verfügung stellen.

Eine Lichtsäule ist einfach ein Ort mit mehr Licht im Moment. Wenn man darin ist oder hindurchgeht, kann etwas passieren oder auch nicht. Es ist manchmal auch so, wenn wir durch den Wald spazieren und an einen Ort kommen, wo das Licht einfällt, wo ganz feine Energielichtpunkte umherfliegen. Die einen Menschen laufen einfach durch, die anderen werden aufmerksam, freuen sich am Licht und öffnen ihnen aus einem Bedürfnis heraus ein Tor oder ein Fenster ihrer Seele. Oder sie spüren einfach, wie es sie wärmt und ihnen guttut, wenn sie hochschauen und teilhaben an dieser Verbindung von Himmel und Erde.

Was wir so zufällig und passiv auf uns wirken lassen, können wir auch aktiv beeinflussen. Wir können bewusst eine Lichtsäule erstellen und die Lichtenergiepunkte einladen, da zu landen und ihre Energie zu verbreiten.

Bericht einer Lichtsäulen-Erfahrung

Die Arbeit in der Kaffeestube des Altersheims ist ehrenamtlich. Ich serviere den Gästen Getränke und kleine Snacks. Zwischenhinein habe ich auch mal Zeit für ein Gespräch. Gegen Abend ist es nicht mehr sehr voll. An einem Tisch unterhält sich eine Gruppe, an einem anderen Tisch hört eine Frau der Volksmusik zu. Ich habe plötzlich den Einfall, in den Raum eine geistige Lichtsäule zu stellen. Licht braucht es hier immer und in der Winterszeit noch mehr.
Lustigerweise ‚sehe' ich in dem Licht viele muntere kleine Engel herabschweben und sich im Raum verteilen. Ich bin noch ganz erstaunt darüber, als mich die Musik hörende Frau zu sich ruft und sagt: „Sie, jetzt hat er gerade gesungen: ‚Da fliegt ein Engel'", und sie strahlt mich an. Ich weiß nicht, ob das wirklich gesungen wurde, weil ich die Musik hinter der Theke kaum höre, oder welche Synchronizität sich da ereignet hat. Es hat mich sehr berührt.

Die eine Frau, die Musik gehört hat, war allein und nicht abgelenkt und konnte diesen kurzen Besuch aus der geistigen Welt besser aufnehmen als die anderen.
Die Wirkung dieser Lichtsäulen verbraucht sich und wird schwächer. Man kann sie wieder aktivieren, indem man neue Aufmerksamkeits- und Absichts-Energie hineingibt. Es ist jedoch nicht ratsam, sich an solche Dinge zu binden. Wir dürfen sie erleben, wir sollen sie auch

kreieren, und dann können wir sie wieder loslassen. Später können wir aus einem neuen Bedürfnis heraus etwas anderes, Neues kreieren. Auch wenn wir ein Lächeln, einen Dank oder Segen ausschicken, wird diese Energie langsam schwächer, aber es bleibt ein Erinnerungsfunke. Vielleicht erinnert dieser Funke einen anderen Menschen, und er aktiviert ihn mit seinem Lächeln.

Wir tauchen nun mit unserer Vorstellungskraft noch tiefer ein in die Welt der Fantasie oder Imagination und holen Schätze und Erkenntnisse aus dem Dunkel des Unbewussten ans Licht des Bewusstseins.
Die folgenden Heil-Werkzeuge arbeiten sehr bewusst mit Licht und Energien in Form von Bildern, Symbolen und Farben.

7. KAPITEL: **ICH WILL KREATIV SEIN**

Die Lichtsäule war eine geistige Kreation. Das Zusammenwirken von menschlichem Willen und geistigen schöpferischen Kräften hat eine Frau zum Strahlen gebracht. Im Alltag tauchen wir häufig in die Welt der Fantasie oder Imagination ein. Ob wir uns auf ein heikles und anspruchsvolles Gespräch vorbereiten oder ob wir ein Kunstwerk schaffen wollen, wir stellen uns die Situation oder das Produkt vorher möglichst genau vor, damit die Umsetzung dann umso leichter und besser gelingt.
Diese natürlichen und alltäglichen Imaginationen entwickelte C. G. Jung weiter und nannte seine therapeutische Technik **aktive Imagination**. Auch in der Psychosynthese wird damit gearbeitet.
Meine erste Imaginationserfahrung machte ich in den 80er-Jahren in einer Vorlesung an der Universität Bern. In einem ganz normalen Vorlesungssaal ließ die Gastdozentin die Studentinnen und Studenten kurz die Augen schließen. Wir sollten versuchen, mit unseren inneren Augen einen Baum zu sehen. Ich weiß noch heute, wie meiner aussah und was das Bild mir zeigen wollte.

Dr. Verena Kast hat ein ganzes Buch geschrieben über die Imagination.[40] Daraus sind die folgenden Zitate. Sie können uns ermuntern zu eigenen Experimenten und Ausflügen in die Innenwelt und uns auch vor einigen Stolpersteinen bewahren.

„Auch wenn Imagination viel mit unserer ‚Innenwelt' zu tun hat, verliert sie dort, wo sie fruchtbar bleibt, nie den Kontakt

---

40 Verena Kast, Imagination als Raum der Freiheit, Dialog zwischen Ich und Unbewusstem, Olten und Freiburg im Breisgau, 2. Auflage 1988

mit der äußeren Welt, bleibt aber auch nicht dieser äußeren Welt verhaftet, sondern transzendiert sie auch immer."[41]

„Die Vorstellungstätigkeit begleitet immer unser mehr oder weniger bewusstes Wahrnehmen als nie abbrechender Fantasiestrom, den wir kaum wahrnehmen, oder in der entgegengesetzten Extremform als bewusst gestaltete Fantasie: Sie ist Voraussetzung für kreatives Arbeiten ganz allgemein, aber auch Voraussetzung für mystisches Erleben. So ist denn auch die Imaginationsfähigkeit in jedem Menschen vorhanden, sie wird, mehr oder weniger bewusst, eingesetzt zum Lösen alltäglicher Probleme oder zum Entwerfen einer Welt, die uns im Moment befriedigender zu sein scheint als die, in der wir leben."[42]

„Von den Mystikern sind uns einige Texte überliefert, die wir heute als Imaginationen bezeichnen würden, Texte, in denen sie beschreiben, wie sie Gott schauen oder wie sie die eigene Seele schauen und sich mit ihr auseinandersetzen."[43]

„Am eindrücklichsten zeigt sich unsere Vorstellungskraft in den Gestaltungen der bildenden Kunst, der Malerei, der Literatur, der Musik, aber auch in der Bildung wissenschaftlicher Hypothesen; grundsätzlich auch in allen geistigen Höhenflügen, ungeachtet dessen, ob diese auch realisiert werden können und ob sie mehr Probleme lösen oder mehr Probleme schaffen."[44]

„Alle unsere Bilder, die wir beschreiben, malen und darstellen können, sagen etwas aus über uns selbst, sagen etwas aus über unsere jeweilige Befindlichkeit – denn in jeder Situation haben wir immer nur bestimmte Bilder zur Verfügung, seien dies nun Erinnerungsbilder oder Wunschbilder. Sie sagen etwas aus über unsere *aktuelle* Befindlichkeit.

Es ist außerordentlich wichtig, dass diese Bilder in irgendeiner Form festgehalten werden; es ist aber auch schwierig, sie

---

41 Ebd. S. 13
42 Ebd. S. 21
43 Ebd. S. 23
44 Ebd. S. 14

adäquat festzuhalten. (...) In einer Gruppe gehe ich so vor, dass wir einander die Imaginationen erzählen, sie dann malen, aufschreiben oder in der Art des psychodramatischen Spiels inszenieren. Imaginationsgruppen sollten eher klein sein (sechs bis acht Personen)."[45]

„Wenn Imaginationen sehr konflikthaft sind, uns emotionell sehr mitnehmen, kann ein Ausruhen in einem Entspannungsbild die Situation mehr verändern als das Einsetzen der anderen Strategie des Umgangs mit Ängstigendem."[46]

Mögliche Versuchsanweisung:
„Stellen Sie sich eine Situation vor, in der Sie sich besonders wohlfühlen, besonders wohlgefühlt haben oder sich besonders wohlfühlen könnten. Lassen Sie diese Vorstellung ganz lebendig werden, malen Sie sich aus, wie die Situation sich verändern könnte, dass Sie sich noch wohlerfühlen. Genießen Sie die Situation."[47]

Dieser Kurzanleitung aus dem Buch von Dr. Verena Kast lasse ich eine ausführlichere Reiseanleitung zu einem Kraftplatz folgen.

Fantasiereise zum Ruhe- oder Kraftplatz

In der Partnerübung leitet das Ich die Reise an, und das Du macht es sich bequem, setzt oder legt sich entspannt hin im Wissen, dass der Raum und die Zeit vom Ich geschützt werden. Die Distanz zwischen beiden Personen sollte nicht zu groß sein, etwa einen Meter.
Das Du schließt die Augen, sieht nach innen und gibt Antwort auf die vom Ich gestellten Fragen.

---

[45] Ebd. S. 33
[46] Ebd. S. 60
[47] Ebd. S. 60 f.

Entspannung und Einstimmung
Ich: Bist du bereit für eine Reise zu deinem inneren Kraftplatz?
Schließe die Augen! Du weißt, du bist hier in …
Du hörst meine Stimme, du atmest, und jeder Atemzug lässt dich mehr entspannen. Bei jedem Ausatmen lässt du ein bisschen mehr los von dem, was dich beschäftigt. Dein Körper darf ruhen, dein Geist ist offen und wach. Kannst du mir folgen? Fühlst du die Entspannung?

Weg und Ankunft am Kraftplatz
Du siehst vor dir einen Weg und du weißt, dass dieser Weg dich zu deinem Kraftort führen wird.
Kannst du den Weg sehen? Wie sieht er aus?
Folge ihm, und sage mir, wenn du bei deinem Kraftplatz bist!
Kennst du diesen oder einen ähnlichen Platz, oder ist es dein fantastischer Kraftort? Schau dich um! Was siehst du?
Wie ist der Boden, was wächst hier? Siehst du oder hörst du Tiere?

Kraft schöpfen
Fühle deine Verbindung zur Erde! Verbinde dich bis tief hinunter, bis zum Erdmittelpunkt! Verankere dich über beide Füße! Sauge die Energie der Erde in dich hinein! Nimm sie in deinem Körper wahr! Wohin geht sie?

Schau dich weiter um: Gibt es Wasser, in welcher Form – als Quelle, Brunnen, Bächlein, Fluss, See oder Meer?
Hast du Durst, kannst du und willst du hier Wasser trinken?
Es ist Lebenswasser. Es stillt den Durst deiner Seele.

Spüre die Luft, ist sie still oder bewegt, ist es windig oder gar stürmisch? Was liegt in der Luft? Wonach riecht sie? Kannst du die Luft auf deiner Haut wahrnehmen? Nimm das zärtliche oder kraftvolle Geschenk der Luft an!

Schau nach oben: Scheint die Sonne, hat es Wolken, Nebel?

Regnet es, schneit es? Nimm so viel Sonne und Licht in dich auf, wie dir guttut!

Wie fühlst du dich nun hier an deinem Kraftort? Wenn du gesättigt bist, genieße dieses Gefühl und das Wissen: Ich bin kraftvoll, ich bin gut geerdet, ich bin rundum versorgt. Ich bin gesegnet.

Dank und Abschied
Lass dein Gefühl von Dankbarkeit im Herzen stärker werden, und spüre nochmals nach! Erinnere dich: Was hat dir am meisten Kraft gegeben? Wo hat sie dir besonders gefehlt oder besonders gutgetan?

Wenn du dich stark, harmonisiert und in Ordnung fühlst, kannst du langsam aufstehen, dich umsehen und dich mit einem Dank vom Kraftplatz verabschieden.

Rückkehr
Du gehst den Weg, den du gekommen bist, wieder zurück und nimmst beim Gehen deinen Atem wahr.
Du trägst die Erinnerung an deinen Kraftplatz in dir und freust dich am Leben und an deinem Körper, der es dir ermöglicht, auf der Erde zu sein. Du bist bereit, ins Hier und Jetzt zurückzukommen. Du räkelst dich und öffnest die Augen.

Bei einer solchen Begleitung ist es wichtig, darauf zu achten, dass das Ich die Bilder des Du möglichst nicht beeinflusst. Aber das ist leichter gesagt als getan. Verena Kast stellt klar: „Es ist grundsätzlich so, dass wir, wenn wir in einer nahen therapeutischen Beziehung stehen, uns auch unbewusst beeinflussen, so etwas wie ein gemeinsames Unbewusstes haben, sodass anzunehmen ist, dass wir uns immer mit unseren Bildern auch gegenseitig beeinflussen. Das kann belebend oder aber auch störend sein."[48]

---

48 Verena Kast, Imagination, S. 44 f.

„Bei den Interventionen ist es wichtig zu wissen, dass wir als Therapeuten und Therapeutinnen die Bilder eines anderen Menschen begleiten, indem wir uns die beschriebenen Bilder so genau wie möglich vorstellen. Aus der Vorstellung unserer Bilder heraus reagieren wir, intervenieren wir. Es ist auch denkbar, dass Bildmotive eines Menschen Bilder in uns beleben, die uns sehr betreffen und beschäftigen, dann wird es aber schwierig, noch empathisch auf die Bilder des Imaginierenden/der Imaginierenden einzugehen. In einem solchen Fall kann man das eigene Bild mitteilen; dies bewirkt, dass gemeinsames Erleben wieder möglich wird."[49]

Bei der nächsten **Heilarbeit mit einem Blumen-Bild** machen wir bewusst das Umgekehrte: Ich imaginiere ein Blumen-Bild für das Du.

Heilarbeit mit einem Blumen-Bild

Wie wissen oder sehen wir, ob Körper, Seele, Geist und Umwelt miteinander in Harmonie sind, ob uns etwas Wichtiges fehlt oder etwas Fremdes beeinflusst? Die folgende Imagination kann zur Selbst-Erkenntnis und zur Harmonie beitragen. Jede Person kann sie für sich selber machen, aber spannender ist sie in der Regel zu zweit, und mit etwas Übung ist sie auch als Fernbehandlung möglich.

---

49 Ebd. S. 74 f.

Verbindung
Bin ich vertikal und horizontal gut verbunden, lege ich eine Hand auf mein Drittes Auge zwischen den Augenbrauen und bitte die geistige Welt, mir aus dem kollektiven Überbewusstsein ein klares symbolisches Bild für das momentane Befinden des Du zu geben.

Imagination
Ich schließe die Augen und bitte das Höhere Selbst meines Gegenübers um ein inneres Bild oder um ein mental/gedankliches ‚Wissen' darum, wie sich die Seele meines Gegenübers jetzt in der Gestalt einer Blume zeigen möchte. Ich checke übers Höhere Selbst ab, ob ich nicht in den freien Willen interveniere. Ich soll um Eingebung bitten und nicht manipulativ vorgehen.

Bild vom Jetzt-Zustand
Ich schildere dem Du, was ich sehe, welche Blume sich mir zeigt und wie sie aussieht. Das Du kann mich auch fragen: Wo steht sie? Wie groß ist sie? Wie geht es ihr – dem Stängel, den Blättern, den Wurzeln, der Blüte? Hat sie mehrere Blüten und auch noch Knospen, oder hat sie schon Samen? Wie ist das Wetter, wie die Umgebung? Was fällt auf?

Unterstützung und Heilung der Blume
Ich kann der Blume in der Imagination fast jede gewünschte Unterstützung geben. Was freut sie?
Braucht sie mehr oder weniger **Wasser,** schicke ich ihr eine **Regenwolke** vorbei oder gieße von Hand mit der **Gießkanne**.

Oder ich halte über sie einen **Regenschirm**.
Vielleicht hat sie auch zu heiß und braucht **Schatten** unter einem **Sonnenschirm**.

Vielleicht freut sie sich über eine **frische Brise Wind,** oder sie braucht einen **Windschutz**.

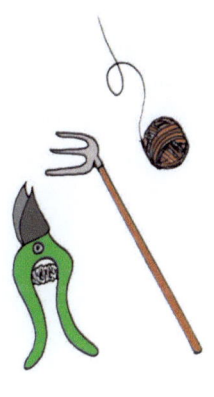

Ich kann den Boden hacken und die virtuelle Umgebung jäten.

Ich kann störende Pflanzen zurückbinden oder zurückschneiden.

Ich kann die Pflanze stärken, indem ich **Dünger** streue oder **Essenzen** ins Wasser gebe.

Ich kann der Blume die für sie ideale **Erde** geben.

Ich kann ihren Stängel stützen mit einem **Stecken** oder Pfahl.

Vielleicht freut sie sich über mehr **Licht – Sonnenlicht, Mondlicht, Sternenlicht**.

Befragung und Interaktionen
Nun stellen wir verschiedene ‚Dinge' neben die Blume.
Das Du kann wünschen, was ich neben sie stellen soll:
- die Arbeit oder den Traumjob
- einen bestimmten Menschen
- ein Buch, ein Medikament
- einen Gegenstand, der erworben oder entsorgt werden möchte
- eine Reise, eine besondere Lebenssituation
- die Gesundheit oder eine bestimmte Krankheit

Ich beobachte in der Imagination die Reaktion der Blume und schildere, wie es ihr damit geht.

Wichtig:
Es wird immer an der Blume und für die Blume gearbeitet! Nie am Partner oder am Job, den man danebenstellt!
Die Pflanze nie ausreißen oder umstellen! Nicht eingreifen!

Verankern
Nun frage ich die imaginierte Blume nach ihrer Bereitschaft und Fähigkeit zur
- **Annahme**: Kann die Blume die Angebote annehmen, oder wehrt sie sie eher ab?
- **Integration**: Wie geht sie mit den heilenden Kräften um? Verändert sich etwas in ihr und für sie?
- **Umsetzung:** Welche neuen Möglichkeiten hat sie, das Erlebte im Alltag in die Tat umzusetzen? Wird sie etwas verändern?

Abschied von der Blume
Wenn die Blume erhalten und mitgeteilt hat, was im Moment möglich und angezeigt ist, verabschiede ich mich von ihr mit einem Dank. Ich öffne die Augen, komme wieder ganz im Hier und Jetzt an.

Gespräch
Schon das Blumenbild mit den vielen Einzelheiten schenkt Aha-Erlebnisse. Hält sich die Blume nicht an ihre konkrete Art und Darstellung in der Welt, so wissen wir meistens intuitiv, mit welchen Ereignissen im Leben dieses abartige Erscheinungsbild und Verhalten zusammenhängen könnte. Jede **gewonnene Erkenntnis ist ein Energie-Gewinn**, da ein mehr oder weniger großer Knoten gelöst worden ist. Eine Erkenntnis mit einem anderen Menschen zu teilen, verankert sie bereits im konkreten Leben. Die **Blumen-Imagination** eignet sich gut für eine **Fortsetzungsreihe** über eine längere Zeit hinweg. Es ist schön und heilsam, sich von einem anderen Menschen begleitet zu wissen und in einer gewissen Regelmäßigkeit seine Aufmerksamkeit zu genießen. Die Veränderungen, die sich im Blumenbild zeigen, können einfach nur auf der Bildebene zur Kenntnis genommen werden. Je nach Vertrauen und Interesse können die verschiedenen Bildelemente ins konkrete Leben übersetzt werden.

Einige Blumen-Symbole und ihre Bedeutung
- **Knospe**: noch nicht entdecktes oder gelebtes Potenzial
- **Blühende Blume**: umgesetztes Potenzial
- **Duft**: Aura, Vertrauen, sich verschenken
- **Stiel/Stängel**: Selbstwert, Wille (Ein geknickter Stängel braucht eine vorübergehende Stütze.)
- **Blätter**: Schutz (besonders betont als Stacheln oder Dornen)
- **Wurzel**: Wurzelchakra, Verbindung zur Erde (Eine abgeschnittene Blume wird wieder bewurzelt.)
- **Wetter**: Gegenwärtige Gestimmtheit
- **Landschaft:** Wo ist das Ich in der Welt angesiedelt, wie verhält es sich darin?

Das Verfremden einer Situation, einer Beziehung, einer Hoffnung oder Befürchtung, einer Bedürftigkeit oder gar einer Krankheit durch das Blumenbild hilft uns, sie zu entdramatisieren. Blumen sind selten hochdramatisch und können unsere Gefühle doch sehr gut darstellen.

Beispiel einer Blumen-Imagination

Verbindung

Imagination
Ich: Ich sehe dich als strahlend blauen, sehr lebendigen Enzian mit schön geöffneten Kelchblättern.

Bild vom Jetzt-Zustand
Ich: Er wächst relativ nahe am Weg, daneben ist nur niedriges Grün als Bodenbedeckung. Dies hat auf Sparmodus umgestellt. Weil der Enzian so alleine steht, wirkt er stattlich und ragt richtig heraus mit seiner Blüte und den kleinen Knospen am Boden. Seine kräftige Farbe lädt die Bienen und Insekten ein, bei ihm einzukehren.
Du: Hat der Enzian eine Botschaft?
Ich: Er sagt nur, er genieße die Sonne.

Unterstützung und Heilung der Blume
Du: Braucht der Enzian etwas?
Ich: Er sagt, er brauche dringend Wasser für sich und vor allem für die Umgebung, diese mache bald schlapp.
Ich hole in der Vorstellung mit einem Gießkännchen Wasser aus einem Bergbach und versprühe es großzügig auf die Wiese. Der Enzian genießt das Wasser und spielt mit den Tropfen wie ein planschendes Kind unter der Dusche.
Die Umgebung atmet auf, wird sichtbar grüner und kommt aus dem zusammengerollten Zustand heraus. Die Blättchen falten sich wieder auf.
Du: Ist es jetzt gut so?
Ich: Ja, schon! Er meint noch, es wäre schön, wenn du hin und wieder vorbeikommst und fragst, was er brauche. Er findet es sehr angenehm, wenn er wünschen kann. Er stellt sich vor, dass er bei starkem Regen gerne einen Regenschirm als Schutz hätte. Aber für den Moment sei es gut, er fühle sich stark und wieder

besser eingebettet in die Umgebung. Er hätte schon Freude, wenn auch diese Pflanzen ein wenig wachsen würden. Ich solle doch nochmals ein Kännchen gießen.
Ich gebe einige Stärkungs-Tröpfchen ins Wasser in der Hoffnung, dass die Wirkung etwas anhält.

Befragung und Interaktionen
Du: Wie reagiert der Enzian, wenn du die Person X neben ihn stellst?
Ich: Er ist nicht sehr begeistert, schaut skeptisch und sagt: Warum hast du jetzt diese Person neben mich gestellt? Sie stärkt mich gar nicht, meine Blätter welken. Es stört mich nicht, wenn sie wieder geht.
Du: Wie reagiert der Enzian auf Person Y?
Ich: Er streckt sich ihr entgegen. Irgendetwas zieht ihn.
Du: Enzian, machst du das gern, freiwillig?
Ich: So halb-halb! Es zieht mich in die Länge, und das gibt eine gewisse Spannung in mir. Jetzt verlässt mich die Spannkraft wieder. Die Spannung geht zurück, und der Enzian wirkt etwas müde. Er muss schauen, dass er zu seiner ursprünglichen Größe und zur Balance zurückfindet und sich wohlfühlt wie vor dem Besuch von Y.
Du: Warum hat der Enzian sich so hochgestreckt?
Ich: Er kann es nicht sagen, es ist einfach passiert.

Verankern vor dem Abschließen der Blumen-Imagination
Die Blume reagiert positiv auf die Frage nach der Annahme, Integration und Umsetzung.

Abschied von der Blume

Gespräch
Diese Blumen-Imagination hat in einer Gartenwirtschaft stattgefunden zwischen Bestellung und Essen. Das Eintauchen in die Innenwelt ist durchaus mitten im Gesellschaftsleben möglich. Es hat etwas Spielerisches, Lustvolles, Spannendes und führt die

Gesprächspartner recht schnell in die Tiefe, wobei das Symbol beide schützt vor zu direktem Eindringen in die Privatsphäre. Ist eine Vertiefung möglich und erwünscht, kann sich die Person, für die der Enzian steht, die drei Fragen nach der **Annahme, Integration und Umsetzung** in der Realität ebenfalls stellen.

- **Annahme:**

Die Enzian-Person kann die Reaktionen des Enzians auf Person X und Person Y nachvollziehen, sie sind ihr eine wertvolle Anregung.

- **Integration:**

Die Enzian-Person gesteht sich ein, dass im Sinne der Selbstliebe Handlungsbedarf besteht. Sie ist bereit, die Verantwortung zu übernehmen für ihren Energiehaushalt in der Nähe von Person X. Sie achtet künftig darauf, wo sie in Gefahr ist, sich zu überfordern wie gegenüber der Person Y.

- **Umsetzen:**

Die Enzian-Person will sich fortan vor jeder Begegnung mit der Person X vor Energieverlust schützen und noch bewusster wahrnehmen, was zwischen ihnen beiden passiert.
Die Enzian-Person nimmt auch ihre Beziehung zur Person Y genauer unter die Lupe. Wo und weshalb muss sie sich in dieser Beziehung strecken, anstrengen und kann nicht einfach sich selber sein? Hat dieses Verhalten eine längere Geschichte? Erinnert Y die Enzian-Person eventuell an Situationen, wo sie sich schon als Kind größer machen musste, als sie gewesen ist? Wer hat sie damals so herausgefordert und oft auch überfordert? Was wäre damals passiert, wenn sie sich nicht gestreckt hätte? Kann sie die Angst vor dieser Konsequenz jetzt loslassen und sich ein anderes Verhaltensmuster aneignen? Wird danach die Beziehung zur Person Y entspannter sein?

Der Enzian hat gewünscht, dass das Du ihn hin und wieder besucht. **Das Du kann die Imagination nach Belieben allein fortführen.**

Die folgende Imaginationsarbeit bildet einen Prozess ab in Form einer Bilderreihe.

Heilarbeit mit einer Bilderreihe

Vorgespräch zur Klärung des Problems und der Absicht
Ich lasse mir vom Du erzählen, was sein Anliegen oder Problem ist. Was möchte das Du genauer ansehen, verändern, für sich gewinnen oder loswerden?

Vertikale Verbindung nach oben und unten und **horizontale Verbindung** über das Höhere Selbst.
Ich gehe in einen Raum der Stille.
In einer Präsenz ohne abschweifende Gedanken verbinde ich mich mit der inneren Weisheit und Führung im Höheren Selbst und mit dem gesamten Energiefeld des Du.

Imagination
Ich stelle mir ein weißes Blatt vor (etwa 30 x 40 cm) und lasse in meinen Gedanken ein Bild aufsteigen zum vorher bestimmten Thema.

Ist das Bild nach meinem Gefühl fertig gemalt, beschreibe ich es, so gut es mir möglich ist. Aber wir diskutieren nicht darüber. Die Bilder werden nicht analysiert oder interpretiert und schon gar nicht bewertet!
Hat das Du das Bild zur Kenntnis genommen, gebe ich das Blatt ins geistige Feuer zur Auflösung und lasse auf einem nächsten Blatt ein neues Bild entstehen.
Ich wiederhole diesen Vorgang und schaffe so lange weitere Bilder, bis das Bild mir und dem Du gefällt, bis es rein, schön und erbauend ist.
Dieser Prozess der Veränderung hat einen enormen Einfluss auf das Unterbewusstsein.

Beispiel einer Heilarbeit mit einer Bilderreihe

zum Thema: **Befreiung von Schuldgefühlen**

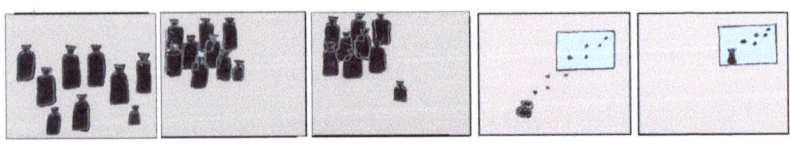

1. Bild: Ich sehe einen düsteren Kellerraum, in dem dunkle Säcke in verschiedenen Größen stehen.
2. Bild: Ich frage die Säcke, ob ich sie öffnen darf, und sie rücken erschrocken noch weiter in die hinterste Ecke zurück.
3. Bild: Ein sehr kleiner Sack löst sich von der Gruppe und kommt auf mich zu. „Ich wage es, mich öffnen zu lassen", lässt er mich wissen.
4. Bild: Ich öffne ihn, und wir entlassen den Inhalt zum Kellerfenster hinaus ins Licht, in die Freiheit, in die Erlösung.
5. Bild: Der kleine Sack seufzt erleichtert und fliegt hinterher.
6. Bild: Nun gibt es Bewegung unter den anderen Säcken in der Ecke, nervöses Geflüster, Geschubse und Unruhe.
7. Bild: Zaghaft wagt sich ein weiterer Sack vor. Diesmal stieben noch mehr dunkle Gedanken und Gefühle hinaus ins erlösende Licht.
8. Bild: Die Säcke werden mutiger und einer nach dem anderen entlässt seine lang eingesperrte Last.
9. Bild: Der Kellerraum ist nun aufgeräumt, er ist leer und heller geworden.

Ich frage mein Höheres Selbst, ob die Reinigung abgeschlossen ist. Antwort von oben: *Nein, noch ein Bild!*

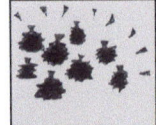   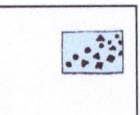 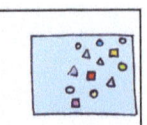

10. Bild: Ich schaue aus dem Fenster. Die Schuldgefühle schweben durch die Luft dem Himmel, dem Licht entgegen und erstrahlen in ihrem wahren **Kern – in der ursprünglich reinen, guten Absicht!** Welche Überraschung!

In dieser **Heilarbeit mit Bildern** habe ich anhand eines Beispiels aus der Praxis aufgezeigt, wie Schuldgefühle imaginativ aufgelöst werden können. Wir können nun lange darüber diskutieren: Wer hat diese Schuld vergeben? War es Gott? Hat das Höhere Selbst dessen, der die Bilder gesehen hat, dazu beigetragen? Oder war es die Seele des schuldbeladenen Menschen selbst? Müssen wir das so genau wissen? Für mich ist diese Vergebung schlicht das Geschenk einer optimalen Zusammenarbeit. Die krankhaften Schuldgefühle konnten ihre schwere dunkle Last zeigen. Dank der Aufmerksamkeitsenergie und der Liebe, die nicht wertet und abwertet, konnten sie den Prozess der Verwandlung wagen und Erleichterung erfahren. Die Leichtigkeit der echten Gefühle hat ihren Kern, die reine Absicht, dann ins Licht emporgehoben.

Unsere ursprünglichen Absichten können noch so gut und rein sein, wir können nie sicher sein, dass ihre Umsetzung in Worte und Taten durch uns selbst und durch irgendwelche Mitmenschen im ursprünglich gemeinten Sinn und zum Wohl des Ganzen geschieht.

Was ich auch tue oder nicht tue in der dreidimensionalen materiellen Welt, ich bin immer in Gefahr, mich schuldig oder zumindest mitschuldig zu machen – mal mehr, mal weniger, mal ganz bewusst, ein andermal unbewusst und ungewollt. Es scheint aus diesem Dilemma des Menschseins beim besten Willen keinen Ausweg zu geben.
Dieses Dilemma ist eine Folge des **freien Willens**. Wir Menschen lernen über Versuch und Irrtum, da unserem Vorausdenken, Planen und Vorsorgen-Können Grenzen gesetzt sind.

Im Bewusstsein, dass kein Mensch vor blinden Flecken gefeit ist, bauen wir in der **vertikalen Verbindung** eine Art Sicherung ein und bitten darum, dass Gott und Wesen aus der geistigen Welt uns helfen, uns unseren Willen bewusst zu machen, unsere Absicht zu klären und im Energy Healing unser Tun zu korrigieren in Richtung **Heilung und Freude**.

Jesus und die Kraft der Imagination

Jesus appelliert mit seinen Gleichnissen an unsere Imaginations- oder Vorstellungskraft. Im folgenden Gleichnis benutzt er unsere Liebe zum Geld, Gold und Silber, um uns auf die Suche zu schicken nach dem, was uns fehlt. Er macht mit seinen Lesern oder Zuhörerinnen eine Art Fantasiereise zur Freude. **„Stellt euch vor, eine Frau hat zehn Silbermünzen und verliert eine davon. Zündet sie da nicht ein Licht an, fegt das ganze Haus und sucht in allen Ecken, bis sie die Münze gefunden hat? Und dann ruft sie ihre Freundinnen und Nachbarinnen zusammen und sagt zu ihnen: ‚Freut euch mit mir, ich habe die verlorene Münze wieder gefunden.' Ich sage euch: Genauso freuen sich die Engel Gottes über einen einzigen Sünder, der ein neues Leben anfängt."**[50]

Das Verlieren geschieht ungewollt und unbewusst – symbolisch ausgedrückt im Dunkeln. Wird einem Menschen bewusst, dass er etwas verloren hat, beginnt die Suche. Und dazu braucht er Licht. Das materielle Licht einer Kerze oder Lampe hilft uns materielle Dinge zu finden. Suchen wir nach seelisch-geistigen Werten und Inhalten, brauchen wir geistiges Licht im Sinne von Bewusstheit, Intuition, Inspiration.
Das Verlorene und Gesuchte ist im Gleichnis die zehnte Münze. Wofür steht sie, was symbolisiert sie?

---

50 Lk 15,8–10

Die **Zahl 10** enthält alle Ziffern von 0 bis 9. Sie rundet die Reihe der einstelligen Zahlen ab und führt auf die höhere Ebene der zweistelligen Zahlen hinauf. In der Bibel steht die Zehn für den Abschluss geschichtlicher Ereignisse.[51]

Im Traum, den ich im ersten Kapitel erzählt habe, erreiche ich diese höhere Ebene im Auto mit einiger Mühe und mit vereinten Kräften. Dann lasse ich das Auto stehen und gehe ins Haus hinein, wo ich über der Türe das Schild Joy/Freude bemerke. „Das Ziel der Psychosynthese ist, vor allem die Ganzheit des menschlichen Wesens zu wecken und den Zugang zur Integration auf einer höheren Ebene zu erweitern."[52] „Roberto Assagioli stellte schon vor Jahren fest, dass es zu großem psychischem Leiden kommen kann, das innere Gleichgewicht verloren geht und es schwierig wird, den Sinn der eigenen Existenz zu erkennen, wenn die verschiedenen Teile verbindungslos nebeneinander oder konfliktgeladen gegeneinander funktionieren. Assagioli erkannte aber auch, dass sobald diese Teile der Persönlichkeit vereint sind, in uns neue Kräfte frei werden, wir ein Gefühl der Lebensfreude erfahren und wir klarer den Sinn unseres Lebens erkennen können."[53]

Mein Auto-Traum bildet diesen Prozess ab, der Weg führt über die Integration hin zur Ganzheit auf einer höheren Ebene, und das Ziel wird erfahren als Lebensfreude.

Auch Jesu Gleichnis gipfelt in der Freude. Die Frau, die alle zehn Silbermünzen wieder beisammenhat, stellt für mich eine Menschenseele dar, die zur Ganzheit findet. Wir können das Gleichnis nehmen als eine Art Kurzanleitung zur Freude.

---

51 Manfred Lurker, Wörterbuch der Symbolik, Zürich 1984, S. 779
52 Piero Ferrucci, Werde, was du bist, S. 21
53 Ebd. S. 21

Wie die Frau sollen wir

a) ein Licht anzünden
Wir sollen unser Bewusstsein wecken.
Im Energy Healing klären wir unsere Absicht und machen sie uns bewusst. Wir aktivieren und fokussieren unseren Willen und erhöhen unsere Grundenergie durch die vertikale Verbindung. Dabei verbinden wir unser normales Ich bewusst mit der Erde und mit dem höheren Bewusstsein.
Jesus hat sehr oft aus dem höheren, gottnahen oder göttlichen Christus-Bewusstsein heraus gesprochen und gehandelt. Viele seiner Worte und machtvollen Taten können für uns noch heute ein geistiges Licht sein auf dem Weg und uns auf das Ziel des Lebens und des Menschseins hinweisen.

Das Leben selbst tut im Grunde dasselbe. Es bietet uns kleinere oder größere Lichter an in Erfahrungen von Liebe, Glück, Erfolg, Erkenntnis, Freude. Auch die dunklen Zeiten stehen im Dienst des Lichts. Jede schwierige Erfahrung, jeder Mangel oder Verlust, jeder Ärger oder Schmerz, jede Wut oder Trauer können für uns ein Denkanstoß sein und ein Ansporn, das Licht bewusst zu suchen und anzuzünden.

b) das Haus fegen
Wir sollen Ordnung in unser Seelenhaus bringen. Dafür müssen wir uns von außen nach innen wenden, Einkehr halten und Einsichten zulassen. Wie für eine Hausreinigung brauchen wir auch für die Seelenreinigung geeignete Hilfsmittel.
Die Reinigungstechniken des Energy Healing haben sich bewährt, und die Entsorgung der Altlasten an die universelle Recyclingstation ist eine wirklich nachhaltige Lösung. Dennoch ist immer wieder eine Reinigung nötig.

c) suchen, suchen, suchen
Der Erfolg einer Suche hängt ab von der Ausdauer, vom redlichen Willen und von der Intuition. In seinen ICH-BIN-Worten

deutet Jesus an, wonach die Seele sucht. Sie will das **Leben**, die **Wahrheit**, das **Licht der Liebe und der Erkenntnis**, die **Türe**, die uns aus der Enge in die Weite, aus dem Mangel in die Fülle führt.
Wonach wir auch suchen, der Lohn unseres Suchens, Fragens, Bittens ist die Freude. Meine Erfahrung ist, dass die geistige Welt unsere Suche nach Ganzheit und Freude Tag und Nacht unterstützt mit Zeichen, Träumen, Botschaften, Eingebungen, mit Kraft und Segen.

Um die Geschenke aus der geistigen Welt finden und in ihrem Wert erkennen zu können, brauchen wir eine gesunde Intuition. Wie die zehnte Silbermünze im Gleichnis will die Intuition von uns bewusst gesucht werden. Doch warum geht dieser Teil unserer Seele überhaupt verloren? Und was macht die Intuition so kostbar und unverzichtbar?

Intuition

Die Intuition ist eine der Kräfte, die wir nicht quantifizieren können wie die Intelligenz oder die körperliche Leistung.
Die Intuition ist eigenwillig und gehorcht ihren eigenen Gesetzen. Sie lässt sich nicht in den Griff kriegen und vermarkten wie die Emotionen, die bewusst und erfolgreich genutzt und benutzt werden in der Werbung, in den Medien, in der Unterhaltungsindustrie, im Reisebusiness, in der Kriegsführung.
Die Intuition ist unsere beste Hilfe beim Suchen und Finden. Sie weiß, was unsere Seele wirklich braucht. Dank der Intuition können wir spüren und wissen, ob eine Situation, eine Beziehung, eine Unternehmung oder Arbeit für uns stimmig ist oder ob etwas fehlt oder zu viel ist.
Menschen mit einer wachen Intuition sind weniger anfällig für Manipulationen, sie sind eigenwilliger, klarer, sicherer. Sie achten auf ihr inneres Gleichgewicht.

Laut Duden ist die Intuition „Eingebung, ahnendes Erfassen". Die intuitive Herangehensweise benutzt nicht den Verstand, sie ist nicht Denken, sondern eine „unmittelbare Anschauung", ein Sehen, das auf Eingebung beruht.[54]

Nach meiner Logik braucht es für eine Eingebung eine Herkunft, einen Absender, der uns diese Eingebung gibt, einflüstert, träumen lässt. Ich muss und kann nicht genau wissen, wer dieser Absender ist, die göttliche Ordnung entzieht sich meinem verstandesmäßigen Fassungsvermögen.
So spreche oder schreibe ich gern einfach von der geistigen Welt. **Jesus sprach vom Reich Gottes, vom Reich der Himmel** und wies darauf hin, dass dieses Reich in uns, in jedem Menschen drin sei. Zumindest muss in uns drin ein Anschluss an die geistige Welt sein, sonst könnten wir auch keine Verbindung zu ihr herstellen und Eingebungen geschenkt bekommen.

Kinder sind dem Himmel noch nahe. Sie sind religiös und wissen es nicht, denn sie denken nicht über das nach, was für sie natürlich und selbstverständlich ist und was wir die vertikale Verbindung nennen. Es gibt Menschen, die können ihre kindliche Religiosität durch verschiedene Wandlungsphasen aus der Kindheit ins Erwachsenenleben hinüberretten. Andere legen mit der Kindheit auch gleich ihre Religiosität ab und sagen, sie hätten ihren Glauben verloren und sie brauchten keine Religion.

Religion und Glaube in der Krise

Der Verlust des Glaubens geschieht oft schleichend und mehr oder weniger unbewusst. Ein konkreter Anlass, eine Diskussion über Religion, eine Katastrophe oder ein Todesfall, kann das

---
54 Duden, Das Herkunftswörterbuch, Mannheim 1997, S. 310

Bewusstsein schärfen. Viele Menschen realisieren erst dann, dass ihnen religiöse Gefühle, Gedanken und Empfindungen fremd geworden sind. Die einen akzeptieren diesen Verlust und die entstandene Leerstelle in ihrer Seele und machen aus der Not eine Tugend, sie beanspruchen für sich die Religions- und Konfessionsfreiheit.

Die Glaubenskrise in der westlichen Welt lässt sich mit Zahlen belegen und ist zu einem ernst zu nehmenden Faktor in der Gesellschaft geworden. Einst wichtige Teile des kirchlichen Lebens kommen zum Erliegen, weil das Personal fehlt, das Geld knapp ist und weil es an Interesse und Begeisterung mangelt – an Energie in allen Formen.

Mir kommt die Kirche vor wie ein kranker, lahmer Körper. Es gibt unzählige Diagnosen für den Zustand der Kirchen, aber bisher noch keine wirksamen Heilungsansätze.
Was würde die Körpertherapie raten und tun?

In der **Craniosacraltherapie** habe ich gelernt, dass es Unterbrüche, Leerzeiten oder Stillpunkte/Stillpoints für die Heilung braucht. Das geschwächte körperliche System wird zum Stillpoint[55] geführt.

Vielleicht brauchen auch die aus der Kirche ausgetretenen Menschen für sich einen religiösen Stillpoint von individuell

---

[55] „Stillpoint" ist der Ausdruck für die Zeitspanne, in welcher der craniosacrale Rhythmus ruht. Ein Stillpoint dauert meist zwischen zwanzig Sekunden und drei Minuten. Er kann aber auch kürzer oder wesentlich länger dauern. Manchmal kommt der Rhythmus auch für ein oder zwei Zyklen kurz zurück, um dann gleich wieder in einen Stillpunkt zu gleiten. Stillpoints geschehen von allein zum Beispiel in Tiefschlafphasen oder in Meditationszuständen. Sie können therapeutisch eingeladen und genutzt werden. (aus: Lia Keller, Katharina Hunkeler, Schule für Körpertherapie Zürich, Craniosacral-Therapie, Grundkurs 1, 2/2010, S. 21)

angepasster Dauer. Und vielleicht braucht die Kirche selbst einen Stillpoint, um sich zu befreien von all dem, was schwierig bis falsch, unbefriedigend bis schädigend, kränkend und lähmend gewesen ist oder noch immer ist.

„Wofür sind Stillpoints gut?
- Sie entspannen und reduzieren Stress und Ängstlichkeit.
- Selbstregulierende Kräfte im Körper werden aktiviert.
- Oberflächliche Spannungen können sich lösen, kleine Zuckungen können geschehen.
- Primäre Dysfunktionsmuster werden deutlicher oder als solche erkennbar.
- Das craniosacrale System schöpft neue Kraft, denn wenn der Rhythmus zurückkommt, ist seine Amplitude meistens größer, die Symmetrie verbessert und die Qualität kräftiger."[56]

Krise als Chance für einen Neuanfang

Jesu Tod am Kreuz stürzte die Anhängerinnen und Jünger in eine tiefe Krise und in eine Leerzeit. Am dritten Tag sei Jesus aus dem Tode auferstanden.
Es ist eine offene Frage, ob es das Christentum gäbe ohne die Auferstehung von Jesus Christus und ohne Menschen, die davon Zeugnis abgelegt haben und denen auch geglaubt wurde. Laut Johannesevangelium soll Maria Magdalena die erste Person gewesen sein, die mit dem auferstandenen Jesus gesprochen und von ihm den Auftrag erhalten hat, den Jüngern davon zu erzählen.
Im Markusevangelium können wir lesen, wie diese reagiert haben:

---

56 Ebd. S. 21

Die Jünger hörten zwar, dass Jesus lebe und Maria ihn gesehen habe, aber sie glaubten ihr nicht.[57]

Damit war Maria als erste Augenzeugin und Begründerin des Christentums diskreditiert. Ihre Stimme wurde zum Verstummen gebracht und das Christentum zur Männersache gemacht. Ganz ausschalten ließ sich Maria Magdalena aber nicht. Sie schrieb ihre Erfahrungen und Dialoge mit dem Auferstandenen auf, aber ins Neue Testament wurden sie nicht aufgenommen. Ihr Evangelium blieb verschollen, bis ein Exemplar im Jahre 1896 in Kairo gefunden wurde. Es ist nur fragmentarisch erhalten und wurde nach der Auffindung für eine sehr lange Zeit der Öffentlichkeit vorenthalten. Während meines Theologiestudiums an der Universität Bern hörte ich wohl vom ebenfalls verschollenen und wiedergefundenen Thomasevangelium, aber nie vom Evangelium der Maria Magdalena. In Südfrankreich stieß ich zufällig auf den inspirierten Kommentar[58] von Jean-Yves Leloup[59]. Die wenigen erhaltenen Verse machen klar, dass Maria noch weitere Begegnungen und Gespräche mit dem Auferstandenen hatte. Auf die Bitte der Jünger gab sie auch diese Informationen an sie weiter, und die Reaktion der Jünger darauf ist keine große Überraschung.
Da ergriff Andreas das Wort und wandte sich an seine Brüder: „Sagt, was denkt ihr über das, was sie uns gerade erzählt hat? Ich jedenfalls glaube nicht, dass der Erlöser so

---

57 Mk 16,11
58 Jean-Yves Leloup, Evangelium der Maria Magdalena, München, 5. Auflage, 2008
59 **Jean-Yves Leloup** (* 1950 in Angers) ist Theologe, Schriftsteller und Übersetzer griechischer und koptischer Texte. Er hat die apokryphen Evangelien aus der Nag-Hammadi-Bibliothek übersetzt und kommentiert. Er untersucht die Rolle des Weiblichen in der Geschichte des Christentums und betrachtet den Dialog mit anderen spirituellen Traditionen. (aus Wikipedia)

gesprochen hat; diese Gedanken sind anders als die, die wir gekannt haben."

Petrus fügte hinzu: „Ist es möglich, dass der Erlöser so mit einer Frau geredet hat, über Geheimnisse, die wir nicht kennen? Sollen wir unsere Gewohnheiten ändern und alle auf diese Frau hören? Hat er sie wirklich erwählt und uns vorgezogen?"[60]

J.-Y. Leloup hat zweitausend Jahre später als Mann doch genau hingehört und schreibt: „Das Maria-Evangelium legt Zeugnis ab für eine Erkenntnisweise, die sich von der unterscheidet, zu welcher der männliche Geist gewöhnlich Zugang hat. Es handelt sich um eine Erkenntnis von prophetischer und visionärer Art, die sicher nicht die alleinige Domäne der Frauen ist, die aber sicherlich zur weiblichen, himmlischen oder ‚orientalischen' Dimension der menschlichen Erkenntnis gehört."[61]

Petrus wollte von Maria aber doch Genaueres in Erfahrung bringen und sprach zu Maria: **„Schwester, wir wissen, dass der Erlöser dich geliebt hat, anders als die übrigen Frauen. Sage uns die Worte, die er dir anvertraut hat, an die du dich erinnerst und von denen wir keine Kenntnis haben."**

Maria antwortete und sprach zu ihnen: „Was euch zu hören verwehrt blieb, das will ich euch verkündigen. Ich sah den Erlöser in einer Vision, und ich sagte zu ihm: ‚Herr, ich schaue dich heute in dieser Erscheinung.'"[62]

Der Erlöser sprach weiter zu Maria:

„Selig bist du, die dich mein Anblick nicht verwirrt. Denn, wo der Nous ist, da ist der Schatz." Da sprach ich zu ihm: „Herr, sage mir nun, wer deine Erscheinung schaut, in diesem Moment, sieht er sie durch die Psyche (Seele) oder durch das Pneuma (Geist)?" Der Erlöser antwortete und sprach: „Weder

---

60 J.-Y. Leloup S. 57, Maria-Evangelium Seite 17, Verse 9–20,
61 Ebd. S. 35
62 Ebd. S. 51, Maria-Evangelium Seite 10, Verse 1–13,

durch Seele noch durch Pneuma; sondern der Nous, der zwischen diesen beiden steht, er ist es, der sieht."[63]

J.-Y. Leloup führt dazu aus: „Der Auferstandene ist weder für die Augen des Fleisches noch für die Augen der Psyche (im Sinne von Seele) sichtbar; es handelt sich weder um eine Halluzination noch um ein Trugbild in Verbindung mit irgendwelchen sinnlichen, psychischen oder mentalen Reizen.
Der Nous gilt bei den Alten als die ‚Nadelspitze der Seele' – heute würde man ‚Engel der Seele' sagen. Er gewährt uns Zugang zu jenem Zwischenreich, das sich weder allein mit den Sinnen wahrnehmen, noch allein mit dem Verstand erfassen lässt – das Imaginale."[64]
„In dieser Zwischenwelt, dem ‚Imaginalen', spielen sich die Begegnungen Mirjams mit dem Auferstandenen ab. Bei ihr wie bei den alten Propheten erweckt Gott in der visionären Imagination die nötigen Formen, um sie zu ihm zu führen; in diesem Sinne ist das Christentum sehr wohl ‚aus der Imagination einer Frau' geboren worden:
‚Herr, ich schaue dich heute in dieser Erscheinung.' Er antwortete: ‚Selig bist du, die dich mein Anblick nicht verwirrt.'"[65]

Maria Magdalena hat sich ausgezeichnet und von den Jüngern unterschieden durch ihre Fähigkeit zur schöpferischen Imagination.

Was hat sie dazu befähigt?
- Jesus hat aus Maria sieben böse Geister ausgetrieben. Hat er die sieben Schichten ihrer Aura gereinigt und von allen Beschädigungen befreit?
- Jesus hat Maria geliebt, anders als die übrigen Frauen. Jesus war in der vertikalen Verbindung, und so war die Qualität

---

63 J.-Y. Leloup S. 51, Maria-Evangelium Seite 10, Verse 15–25
64 Ebd. S. 36
65 Ebd. S. 37. Leloup nennt Maria Magdalena auch Mirjam.

seiner Liebe reiner, höher und beständiger, sie überdauerte den Tod des Körpers.
- Jesus hat vor und nach seinem Tod mit Maria über Dinge gesprochen, die für den Verstand der meisten Menschen zu hoch waren.

Maria hat durch Jesus Christus schöpferische Heilkraft, bedingungslose, vollkommene Liebe und göttliche Weisheit erfahren. Es sind diese drei Ausprägungen der göttlichen Kraft, die Christus in sich vereinigt. Leloup nennt Christus den „Archetyp der Synthese". Dieser schlummert in jeder Menschenseele, hat je nach Religion und Kultur einen anderen Namen. Wenn er erwacht, freut sich die Seele und ist – wie Maria – voller Liebe und Verlangen.
„Der ‚Motor' der Imagination kann bei Mirjam offenbar nur das Verlangen und die Liebe sein. Sie liebt ein Wesen, das sie in der Sinnenwelt gekannt hat; in ihm hat sie die Manifestation des göttlichen Geliebten erkannt. In ihrer Imagination vergeistigt sie dieses Wesen, indem sie es von seiner sinnlichen Form zu seinem unvergänglichen Bild erhöht.
Wie bei den Jüngern auf dem Berg Tabor öffnen sich ihre Augen bei Jeschuas Anblick für seine essenzielle Realität, für den Archetypus, der ihn prägt. Ihre Imagination verleiht ihm eine solche Präsenz, dass Mirjam sie weder verlieren noch sich davon entfernen kann. Sie erschafft so den Wahren Geliebten, der sie unaufhörlich erleuchtet und begleitet. Diese Wahrheit ist weder Illusion noch Sublimierung, noch Kompensation in psychologischem Sinne – es ist Erwachen zu dieser Zwischenwelt; Erfahrung und Wissen, in dem sich Christus als ‚Archetyp der Synthese', den die Seele zu umfassen sucht, zu erkennen gibt."[66]
In der Bergpredigt ruft Jesus uns auf, **das Licht** der Liebe und das Bewusstsein für Liebe, Freude, Schönheit, Ordnung,

---

66 Ebd. S. 40

Vollkommenheit **für alle im Haus leuchten zu lassen.**[67] Das ist leichter gesagt als getan.

Eine Anleitung und ein Erfolgsbericht wie der ‚Weg zur Selbstliebe' von Kim McMillen[68] können durchaus hilfreich sein und Mut machen.

Der Weg zur Selbstliebe

1. Als ich mich selbst zu lieben begann, konnte ich erkennen, dass emotionaler Schmerz und Leid nur Warnzeichen sind – dafür, dass ich nicht im Einklang mit meiner eigenen Wahrheit lebe. Heute weiß ich, diesen Einklang nennt man ‚**authentisch sein**'.
2. Als ich mich selbst zu lieben begann, verstand ich, wie sehr es einen Menschen beeinträchtigen kann, wenn ich versuche, ihm meine Wünsche aufzuzwingen, obwohl ich eigentlich weiß, dass der Zeitpunkt nicht stimmt und der Mensch nicht dazu bereit ist – und das gilt auch, wenn ich selbst dieser Mensch bin. Heute nenne ich dies **Respekt**.
3. Als ich mich selbst zu lieben begann, hörte ich auf, mich nach einem anderen Leben zu sehnen. Jetzt kann ich sehen, dass alles um mich herum Einladung und Aufforderung zum Wachsen ist. Heute weiß ich, das bereitet den Boden für **Reife**.
4. Als ich mich selbst zu lieben begann, habe ich verstanden, dass ich immer und bei jeder Gelegenheit zur rechten Zeit

---

67 Mt 5,15

68 Die amerikanische Autorin Kim McMillen beschrieb ihren Weg zur Selbstliebe kurz vor ihrem Tod 1996. Das Büchlein mit dem Titel: „When I Loved Myself Enough" hat ihre Tochter Alison 2001 in englischer Sprache veröffentlicht. Ende 2003 hat ein brasilianischer Chaplin-Fan Auszüge dieser Verse via Internet in Umlauf gebracht und Charlie Chaplin zugeschrieben. Diese Falschinformation fand über das Internet rasche Verbreitung.

am rechten Ort bin und alles genau zum rechten Zeitpunkt geschieht. Von da an konnte ich gelassen sein. Heute weiß ich, das ist **Vertrauen**.

5. Als ich mich selbst zu lieben begann, habe ich aufgehört, mich meiner freien Zeit zu berauben. Auch habe ich damit aufgehört, grandiose Projekte für die Zukunft zu entwerfen. Heute mache ich nur das, was mir Spaß und Freude bereitet, was ich liebe und was mein Herz zum Lachen bringt – auf meine eigene Art und Weise und in meinem Tempo. Heute bedeutet das für mich **Einfachheit**.

6. Als ich mich selbst zu lieben begann, habe ich mich von allem befreit, was nicht gesund für mich ist, von Speisen, Menschen, Dingen, Situationen und von allem, was mich hinunterzieht oder mich von mir selbst entfernt. Erst nannte ich diese Haltung einen „gesunden Egoismus". Heute weiß ich, das ist **Selbstliebe**.

7. Als ich mich selbst zu lieben begann, habe ich damit aufgehört, immer recht haben zu wollen; seitdem habe ich mich weniger geirrt. Heute weiß ich, das ist gemeint mit **Bescheidenheit**.

8. Als ich mich selbst zu lieben begann, habe ich mich geweigert, weiter in der Vergangenheit zu leben und mich um meine Zukunft zu sorgen. Jetzt lebe ich nur mehr in diesem Augenblick, wo ALLES stattfindet. Und das heißt für mich **erfülltes Leben**.

9. Als ich mich selbst zu lieben begann, erkannte ich, dass mich mein Denken verstören, beunruhigen und krank machen kann. Doch seit es sich mit meinem Herzen verbunden und ihm unterstellt hat, ist mein Verstand ein wertvoller Helfer. Diese Verbundenheit ist – wie ich heute weiß – **Herzensweisheit**.

10. Wir brauchen uns nicht weiter vor Auseinandersetzungen, Konflikten und Problemen mit uns selbst und anderen zu fürchten, denn sogar Sterne knallen manchmal aufeinander, und es entstehen neue Welten. Heute weiß ich: Das ist das **Leben**!

Ausführungen zur Selbstliebe im inneren Dialog
Ihr seid in der Selbstliebe nicht gerade Weltmeister und Weltmeisterinnen. Ihr dürft euch noch etwas mehr an innerer Ruhe, innerem Raum, inneren Vorstellungen zugestehen. Tut diese nicht ab mit der Wertung: Ich mache ja nicht wirklich etwas. Auch wenn ihr euch pflegt und euch etwas Gutes tut, ist das in diesen Zeiten des Umbruchs sehr wichtig. Holt immer wieder das Licht durch die Wolken herunter und die Kraft aus der Erde hoch! Umgebt euch mit dem, was euch den Zugang zum Gefühl der Liebe erleichtert. Das kann etwas in der Natur sein, das kann Wärme, Musik, eine Berührung sein. Ladet euch damit auf! Wenn ihr aufgeladen seid mit der Liebeskraft, mit dieser All-Liebe, so könnt ihr sie wieder abstrahlen. Aber wenn ihr nicht ständig in der Anbindung seid – und das sind die meisten Menschen noch nicht –, so müsst ihr wieder ganz bewusst dahin zurückgehen und euch wieder aufladen. Ihr müsst ab und zu noch zur Tankstelle fahren, weil die Dauerinstallation noch nicht funktioniert.

Eigentlich wären die Aufgabe und das Geschenk einer jeden Religion, die Menschen mit der Quelle, mit der All-Liebe und All-Weisheit zu verbinden. Zumindest kann das Wort Religion[69] so verstanden werden. Es komme vom lateinischen Verb re-ligare, was übersetzt wird mit „zurück-verbinden".
Diese Rückverbindung praktizieren wir im Energy Healing mit der vertikalen Verbindung. Wir reinigen, stärken und vergrößern den Kanal mit verschiedenen Techniken. Dadurch erhalten wir besseren Zugang zu heilsamen Kräften und tiefer Weisheit, und die Schwingungen von Körper und Seele werden angehoben. Wir dürfen uns verbunden und geliebt fühlen und uns freuen am neuen Erleben. Danken wir unserem Körper, unserer Seele und der geistigen Welt für das Geschenk, und vergessen wir dabei nicht: Wo Licht ist, ist immer auch Schatten.
Im nächsten Kapitel wenden wir uns dem Schatten in seinen verschiedenen Schattierungen und Auswirkungen zu.

---

69 Duden, Das Herkunftswörterbuch, S. 586

8. KAPITEL: **ICH WILL – VIELLEICHT – DOCH NICHT**

Ich hoffe, dass du mit den bisher erklärten Techniken des Energy Healing schon einige Erfahrungen gesammelt und gemerkt hast, dass es sich lohnt, dafür etwas Willenskraft, Zeit und Aufmerksamkeit einzusetzen. Vielleicht hast du aber auch die Erfahrung gemacht, dass sich bei allem guten Willen und nach mehrfachen Behandlungen nichts an der Situation oder am Leiden geändert hat. Dies kann verschiedene Gründe haben.

- **Vertrauen**: Ist das Vertrauen nicht wirklich da, fließt die Energie nicht so ohne Weiteres zwischen Ich und Du. Vielleicht gibt es bei aller äußerlich betonten Bereitschaft in den Beteiligten doch eine Skepsis, ein Misstrauen und ein innerseelisches Veto gegen eine Behandlung und Heilung.
- **Erkenntnis**: Manchmal ist es für eine Heilung wichtig, dass die Ursache für die Disharmonie und Krankheit zuerst richtig erkannt wird. Der Körper macht durchs Leiden ja auf irgendein Problem, einen Mangel, eine Überforderung, eine Einseitigkeit, eine Rhythmusstörung aufmerksam. Wird die Ursache nicht erkannt und eliminiert, streben wir mehr eine Symptombeseitigung an als eine Heilung.
- **Technik:** Die Menschen sind verschieden und sprechen unterschiedlich gut an auf eine Technik. Erfahrene Energy-Healing-Therapeutinnen und –Therapeuten haben noch mehr Wissen und weitere Techniken zur Verfügung, als in diesem Buch vorgestellt werden. Aber auch für sie wird es schwieriger, einen Krankheitsverlauf aufzuhalten oder gar rückgängig zu machen, wenn ein Leiden schon sehr körperlich und chronisch geworden ist.
- **Zeit**: Oft ist auch etwas Geduld gefragt, da eine Behandlung mehr als Impuls zur Heilung denn als Heilungsvollzug zu verstehen ist.

Trotz vieler guter Erfahrungen und einer spürbaren Lebensbereicherung gibt es viele Gründe, weshalb Menschen sich gar nicht auf das Energy Healing einlassen oder sich bald wieder davon abwenden.

Jesus teilt diese „Vielleicht-Menschen" oder „Doch-nicht-Menschen" im **Gleichnis vom vierfachen Ackerfeld** in drei Gruppen ein.

1. Es gibt Menschen, die gleichen einem **Weg,** auf dem die Samenkörner gar nicht erst wurzeln und keimen können. **Sie hören zwar die Botschaft, aber dann kommt sofort der Satan und nimmt weg, was in ihr Herz gesät wurde.**[70]

2. Andere Menschen gleichen dem **felsigen Grund mit einer dünnen Erdschicht** darauf. Scheint die Sonne, verdorren die jungen Pflanzen.
Diese oberflächlichen Menschen **nehmen die Botschaft zwar mit Freuden an; wird es aber heiß, werden sie gleich an ihr irre.**[71]

3. Eine dritte Gruppe von Menschen gleicht dem **Dornengestrüpp, das bald die Pflanzen überwuchert. Sie verlieren sich in ihren Alltagssorgen, lassen sich vom Reichtum verführen und leben nur für ihre Wünsche.**[72]

Diesen drei Nein-Gruppen stellt Jesus eine Ja-Gruppe gegenüber.

4. Diese Gruppe offener, positiv gestimmter Menschen gleicht dem **fruchtbaren Boden, der die gestreuten Körner aufnimmt, zum Wachsen bringt und hundertfache Frucht schenkt.**

---

70 Mk 4,4 und 4,15
71 Mk 4,5 f. und 4,16 f.
72 Mk 4,7 f. und 4,18 f.

Jesus erklärt auch dieses Bild: **Diese Menschen nehmen die Botschaft mit gutem und willigem Herzen an, bewahren sie und bringen durch Standhaftigkeit Frucht.**[73]

Maria Magdalenas Seele muss ein besonders fruchtbarer Boden gewesen sein für die Liebe und für die Weisheit. Sie hat vom Erlöser Dinge zu hören bekommen, für die die Ohren und Herzen der Jünger wie der felsige Grund waren mit einer dünnen Erdschicht darauf (Petrus heißt auf Deutsch ja auch Fels oder Stein). Petrus bleibt hart und bringt mit seinen Fragen „**Sollen wir unsere Gewohnheiten ändern und alle auf diese Frau hören? Hat er sie wirklich erwählt und uns vorgezogen?**" Maria zum Weinen und zur Gegenfrage: „**Mein Bruder Petrus, was geht in deinem Kopf vor?**"[74]

Trotz ihrer Betroffenheit bleibt Maria klar, während Petrus nicht nur ein Kopfproblem hat, sondern auch ein Herz voller Eifersucht und Angst. „**Da ergriff Levi das Wort: ‚Petrus, du bist schon immer aufbrausend gewesen, und jetzt sehe ich, wie du dich gegen diese Frau ereiferst, so wie es unsere Widersacher tun. Wenn der Erlöser sie aber würdig gemacht hat, wer bist dann du, sie zurückzuweisen? Gewiss kennt der Erlöser sie ganz genau. Deshalb hat er sie mehr geliebt als uns. Vielmehr sollten wir Reue zeigen und das menschliche Wesen in seiner Vollkommenheit verwirklichen; möge es Wurzel in uns fassen und wachsen, wie er uns aufgetragen hat. Lasst uns aufbrechen, das Evangelium zu verkünden, ohne andere Regeln und Gesetze aufstellen zu wollen als die, deren Zeuge er war.' Als Levi diese Worte gesprochen hatte, machten sie sich auf den Weg, um das Evangelium zu verkünden.**"[75]

---

73 Lk 8,8 und 8,15
74 Leloup, S. 57 ff.
75 Leloup, S. 59 ff.

Levi fasst unser Lebensziel in klare Worte: **das menschliche Wesen in seiner Vollkommenheit verwirklichen.**
Was der Vollkommenheit entgegensteht, muss aus der Seele herausgeschüttelt, herausgesiebt und entsorgt werden.
Aus Maria Magdalena habe Jesus sieben böse Geister ausgetrieben.[76]

Wir modernen aufgeklärten Menschen nennen die Kräfte und Energien, die unser Leben beeinträchtigen, nicht mehr böse Geister. Aber selbst heute ist es den Spezialisten nicht immer klar, welche Ursache hinter einer Störung steckt. Die einen Störfaktoren oder Krankheitsursachen können mit technischen Hilfsmitteln erkannt und gemessen werden. Einige erschließen sich aus der Lebensgeschichte, andere Ursachen liegen noch tiefer in der Seele verborgen. Wie weit und wie tief wir da graben wollen und dürfen, muss im Gespräch herausgefunden werden.

Die folgende Liste hilft bei der Suche nach den Widersachern, denn die Kräfte, die uns nicht guttun, können ganz unterschiedlicher Natur sein:
- Viren, Bakterien, Krankheitserreger, körperliche Dysfunktionen und Einschränkungen, Krebs
- Gefühle (Eifersucht, Angst, Zweifel, Missgunst, Misstrauen, Depression, Aggression, Hass oder Gehässigkeit)
- Mitmenschen, die uns manipulieren, in Abhängigkeit bringen oder in ihrer Macht halten wollen, Mobbing
- Befehle oder Verbote mit Strafandrohung
- Versprechen, Gelübde, eine gegebene Zusage, ein Lebensmotto
- ein irgendwann einmal ausgesprochener Bann oder Fluch
- Gewohnheiten, Genussmittel, Süchte
- Erinnerungen, Verletzungen, Kränkungen, Traumata, Albträume

Jesus hat die Krankheiten selten genauer beschrieben, aber er war ein Meister in der Kunst, den negativen Energien die Macht

---

76 Lk 8,2

zu entziehen. Er sah die bösen Geister, die für andere Menschen unsichtbar waren. Er kannte sie und warnte und schützte die Menschen vor ihnen. Jesus hatte Respekt, aber keine Angst und sprach die Geister direkt an: **„Schweig, und fahre aus von diesem Menschen!"**[77]
Jesus wies darauf hin, dass auch die geheilten und befreiten Menschen sich nie ganz sicher fühlen können vor einer möglichen Rückkehr der ausgetriebenen Kräfte.

Auch wenn wir die bösen Geister nicht sehen, so können wir diese Energien beim Sieben, bei der Chakrenreinigung und bei der Reinigung der Auraschichten durchaus wahrnehmen. Wir sprechen sie auch an, wenn wir sie zur kosmischen Recyclingstation hinaufschicken.
Wir wissen nicht, wie Jesus Maria Magdalena von ihren bösen Geistern oder schädlichen Energien befreit hat, und wir erfahren schon gar nicht, welcher Art diese gewesen sind.
Das Arztgeheimnis und die Schweigepflicht gelten auch für uns, wenn wir energetische Reinigungen vornehmen. Aber es ist wichtig, über die Eigenart und das Verhalten solcher Energien Bescheid zu wissen. Sie sind ja nicht harmlos, und sie sind omnipräsent.
Im 20. Jahrhundert hat sich der griechisch-zypriotische Heiler, christliche Mystiker und Lehrer **Daskalos** (Stylianos Atteshlis, 1912–1995) intensiv mit den bösen Geistern auseinandergesetzt, er nennt sie **Elementale** und beschreibt sie in seinem Buch Esoterische Lehren[78].

Im Energy Healing wird viel mit Elementalen gearbeitet. Joy F. Barbezat hat die Erkenntnisse vom Heiler Daskalos[79] übernom-

---

77 Mk 1,25 ff
78 Daskalos, Esoterische Lehren, die Botschaft des „Magus von Strovolos", München 1991
79 Ebd. Kapitel 16, Elementale, S. 157–164

men, und ich habe die Erkenntnisse und Erfahrungen beider in die folgende Beschreibung einfließen lassen.

Elementale

Was sind Elementale?
Jedes **Gefühl**, jeder **Gedanke**, jede **Überzeugung**, die ich mit der Intensität meines Wunsches aussende, ist ein Elemental und kann unabhängig von mir weiterexistieren wie ein herumfliegender energiegeladener Ballon. Indem ich einen Gedanken, einen Wunsch oder ein Gefühl wiederhole und verstärke, reichere ich das Elemental an. Ich blase quasi diesen Ballon auf. Er wird größer, härter und nimmt mehr Raum ein. Elementale von Wunschgedanken haben ein eigenes Leben und neigen dazu, uns zu beherrschen. Sie haben Macht und Gestalt in allen Farben und Schattierungen, Formen und Symbolen. Es gibt viele Elementale um uns herum. Ein hellsichtiger Mensch kann sie in der **Form** sehen, die seinem eigenen assoziativen Hintergrund entspricht. Elementale von Hass und Eifersucht sehen aus wie Schlangen, weil wir in unserem Kulturkreis diese Assoziationen haben. Hellfühlige Menschen nehmen ihre **Qualität** wahr als hell oder dunkel, leicht oder schwer, abstoßend oder klebrig, positiv oder negativ. Kinder sehen Elementale oft im Schlaf und haben dann Albträume. Im Schlaf steht man stärker unter dem Einfluss seiner eigenen Elementale als im Wachzustand, wenn einen die Angelegenheiten des täglichen Lebens beschäftigen. Vor dem Einschlafen und während des Schlafes befindet man sich in einem empfänglichen Bewusstseinsstadium und steht geradezu unter einem Bombardement seiner früher erschaffenen Elementale.

Wie und wo wirken Elementale?
Sie führen ein Eigenleben und halten sich vor allem in den feinstofflichen, emotionalen und mentalen Ebenen auf. Ihre Macht und Gestalt lösen sich nicht auf, bevor die Elementale nicht die

Aufgabe erfüllt haben, für die sie bewusst oder unbewusst erschaffen worden sind. Der Erzeuger eines Elementals wird früher oder später den Elementalen gegenüberstehen, die er selbst in die Welt gesetzt hat. Jeder Mensch zieht diejenigen Elementale an und nimmt sie in seine Aura auf, die mit ihm, seiner Persönlichkeit, seiner Ausstrahlung und Schwingung harmonieren. Kein Dämon kann einem Menschen etwas anhaben, der nicht die ihm entsprechende Schwingungsfrequenz aufweist. Welche Elementale ein Mensch anzieht, liegt demzufolge in der Wahl, Lebensführung und Verantwortung des Einzelnen.

Wie verhalten sich Elementale zum Ich?
Die Persönlichkeit ist ein komplexer Wirkungszusammenhang. Für Daskalos besteht auch das Ego aus Elementalen, die sich zu einem komplexen Verbund zusammengeschlossen haben. Unser Charakter ist das Ergebnis unserer Gedanken, unserer Glaubens- und anderer Überzeugungen, unserer Wünsche, Gefühle, Ängste, Emotionen, Stärken und Schwächen, Projektionen und Begrenzungen. Egoismus ist das Produkt der Wiederholung vieler Elementale und wirkt in der selbstbewussten Persönlichkeit wie ein Elemental, das wiederum eine Vielzahl von Elementalen erzeugen und seine geistig-energetische Konstruktionen in die Welt setzen kann. Der Egoismus ist sehr empfindlich. Schon die kleinste Provokation setzt ihn in Bewegung, sodass die energetische Ladung des Egoismus unser Erleben und Tun bestimmt.

Beispiele:
Ein Mensch mit der Glaubensüberzeugung, dass man niemandem trauen kann, wird entsprechende Erfahrungen anziehen und machen. Ein anderer, der in tiefem Vertrauen auf seine innere Führung und auf die gesamte Existenz seinen Weg geht, wird dadurch voraussichtlich völlig andere Erfahrungen machen können.

Wie bestimmen und gestalten Elementale unser Schicksal?
Wir kreieren, nähren und senden jede Menge Elementale aus. Für die Gesundheit und Heilung lohnt es sich, uns unserer Gedanken

und Gefühle bewusst zu werden und sie schon vor dem Aussprechen oder Ausagieren zu prüfen. Wir müssen unsere Unbewusstheit überwinden und begreifen, dass wir unsere Erfahrungen selber kreieren gemäß unseren bewussten und/oder unbewussten Überzeugungen, die wir mit emotionaler Kraft aufgeladen in die Welt hinaussenden.

Der Mensch, gegen den wir ein böses Elemental richten, wird nur in dem Maße davon betroffen, in dem auch er auf der gleichen Frequenz schwingt wie wir, als wir das Elemental erzeugt haben. Ansonsten wird es auf seine Aura treffen, dort abprallen und mit einem Vielfachen seiner ursprünglichen Kraft zu uns zurückkommen.

Wie können wir mit negativen Elementalen umgehen?
Wir dürfen Elementale nicht bekämpfen. Indem wir uns auf einen Angriffskrieg gegen diese unsichtbaren Feinde einlassen, geben wir den Elementalen noch mehr Energie. Um ihre Macht zu neutralisieren, ignoriert man sie am besten.

Erhält ein Elemental keine Zuwendung mehr durch seinen Urheber oder andere Menschen, dann stirbt es ab, bleibt aber wiederbelebbar. Jeder Gedanke, den wir denken, jedes Gefühl, das wir hegen, bleibt für immer in der Akasha-Chronik[80] aufgezeichnet. Daskalos fordert uns auf, ehrlich mit uns selbst zu sein und in der Selbstanalyse die persönlichen Schwächen zu erkennen und zu überwinden. Wir können uns die Inhalte unserer Überzeugungen ansehen. Schädliche und überlebte Überzeugungen und Lebenseinstellungen gilt es zu korrigieren oder ganz aufzulösen.

Auch Gefühle und Emotionen sind auf ihre Qualität hin zu prüfen. Bei dieser Arbeit hilft die Unterscheidung zwischen dem Ego und dem Gefühl: Ich habe jetzt oder ich habe oft dieses Gefühl,

---

80 Wikipedia: Akasha-Chronik bezeichnet (...) die Vorstellung von einem übersinnlichen „Buch des Lebens", das in immaterieller Form ein allumfassendes Weltgedächtnis enthält.

aber ich bin nicht dieses Gefühl. Dieses Gefühl und der Gedanke oder das Werturteil dahinter sind ein Elemental, und ich bin für sein Werden, Wirken und Verschwinden verantwortlich.

Wie können wir uns vor schädlichen Elementalen schützen?
Einige Minuten der Selbstanalyse vor dem Einschlafen können Wunder wirken, denn genau dann öffnet man sich und wird empfänglich für seine eigenen Gedanken, Wünsche und Sehnsüchte. Wir können die Pforten zur Wahrnehmung von Elementalen verschließen oder Elementale loswerden, indem wir
- eine geeignete Autosuggestion vornehmen,
- vor dem Schlafen beten,
- unsere Schwingung erhöhen – durch die vertikale Verbindung, durch Liebestaten, Wahrheitsliebe und Erkenntnis,
- die dunklen Schattenenergien entwaffnen, indem wir Gedanken der Liebe aussenden gemäß der Anweisung Jesu in der Bergpredigt: **„Liebt eure Feinde und betet für die, die euch verfolgen."**[81]

Ein bewusster und respektvoller Umgang mit Elementalen ist unverzichtbar für unsere Psychohygiene und Psychosynthese. Jesus Christus kann als Urbild und Vorbild für die Psychosynthese betrachtet werden. Er ruft alle Menschen auf, ihm nachzueifern: **„Ihr sollt vollkommen[82] sein, weil euer Vater im Himmel vollkommen ist."**
Jeder Weg und Aufstieg beginnt mit einem ersten Schritt und verlangt nach vielen kleinen und großen Schritten, die diesem folgen in derselben Absicht.

---

81 Mt, 5,44
82 Mt 5,48: Das griechische Wort teleios hat ein breites Bedeutungsspektrum und kann übersetzt werden mit: vollkommen, erwachsen, reif, vollständig, makellos, erfolgreich.

9. KAPITEL: ICH WILL GANZ UND HEIL WERDEN

Die Vollkommenheit zu verwirklichen bedarf der Synthese verschiedenster Kräfte. Sie sollen in einem guten Verhältnis zueinander stehen, damit sie ihre Wirkung optimal und zum Wohl des Ganzen entfalten können. Der Körper und die Seele, der Verstand und der Geist wollen gefördert und in Balance gehalten werden. Eine vollkommene Harmonie und Vollkommenheit sind auf der Erde allerdings nur bedingt oder nur für kurze Zeit möglich, erfahre ich im inneren Dialog.

Solange ihr inkarniert seid, wird versucht, die Balance von Körper und Seele zu finden oder wiederherzustellen. Beides in eine gute Balance zu bringen ist nicht immer gleichzeitig möglich. Manchmal geht es auf der einen Seite einen Schritt vorwärts, und die andere Seite hinkt noch hinterher.
Körperliche Störungen sollen euch auch davor schützen, dass ihr zu früh oder zu schnell versucht, euch ganz vom Körper zu lösen. Ihr sollt euch bei aller spirituellen Weiterentwicklung immer wieder bewusstwerden und es auch immer noch schätzen, dass ihr in einen Säugetierkörper inkarniert seid und dass auch dessen Bedürfnisse und Reizaufnahmemöglichkeiten weiterhin wahrgenommen werden wollen. Die Seele kann auf der höheren Ebene heil werden, unabhängig davon, ob ihr Körper diese Krankheit überwinden kann oder weiterhin mit Schwierigkeiten kämpft.

Jesus hatte bei seinen Heilungen sowohl die körperliche als auch die seelisch-geistige Ebene im Blick. Das gibt er seinen Kritikern zu verstehen mit der Frage: **„Was ist leichter – diesem Gelähmten zu sagen: ‚Deine Schuld ist dir vergeben', oder: ‚Steh auf, nimm deine Matte und geh'?"**[83]

---

83 Mk 2,9

Da diese Heilungsgeschichte die Beseitigung von Elementalen sehr schön veranschaulicht, füge ich sie hier ein.

Als Jesus in Kafarnaum in einem Haus predigte, strömten die Menschen so zahlreich zusammen, dass kein Platz mehr blieb, nicht einmal draußen vor der Tür. Da brachten vier Männer einen Gelähmten herbei, aber sie kamen wegen der Menschenmenge nicht bis zu Jesus durch. Darum stiegen sie auf das flache Dach, gruben die Lehmdecke auf und beseitigten das Holzgeflecht genau über der Stelle, wo Jesus war. Dann ließen sie den Gelähmten auf seiner Matte durch das Loch hinunter. Als Jesus sah, wie groß ihr Vertrauen war, sagte er zu dem Gelähmten: „Mein Kind, deine Schuld ist dir vergeben!"[84]

Ohne Worte, einfach mit seinem Sein sagt dieser Gelähmte: Ja, ich will gesund werden und meinen Weg gehen, aber nein, ich kann nicht. Dass Schuldgefühle ihn blockieren und die Lähmung verursachen, ist dem Mann vermutlich nicht bewusst. Wie kann er zum Licht der Bewusstwerdung und Selbsterkenntnis gebracht werden? Er gewinnt vier Weggefährten für sich. Das Nein des Körpers wird aufgewogen und aufgehoben durch das vierfache Ja dieser von ihm mobilisierten hilfreichen Energien. Wer für sich oder für einen Mitmenschen eine Heilung wünscht und anstrebt, braucht vier zuverlässige Freunde:
- einen starken Willen mit Durchhaltevermögen,
- eine Idee und klare Absicht,
- eine große Selbst- und Nächstenliebe,
- Mut zur Veränderung oder zum Ver-rückt-Werden aus dem Ist-Zustand.

Das ist sehr viel und reicht in diesem Fall doch nicht.
Der horizontale Zugang ins Haus hinein und zu Jesus bleibt versperrt. Es fehlt offensichtlich noch etwas ganz Wichtiges. Aber was?

---

84 aus Mk 2,1–5

Da wird in einem hellen Moment einem der Männer eine Eingebung geschenkt. Er hat plötzlich den Geistesblitz, den vertikalen Zugang zu nehmen und übers Dach ins Haus einzusteigen. Auch das ist angewandte Intuition. Wir setzen sie häufiger ein, als uns bewusst ist. Ohne Instinkt und Intuition kommen wir im Leben nicht weit. Aber wir benutzen die Intuition über lange Zeit hinweg mehr instinktiv und nicht sehr bewusst.
Da haben viele Menschen noch Wachstumspotenzial. Ohne Intuition wären die fünf Männer frustriert heimgekehrt, und der Lahme wäre lahm geblieben.

Wenn wir das Haus als Sinnbild für den Menschen nehmen, so ist das Dach unsere mentale Ebene, unser Verstand. Darin steckt ein stabiles, bewährtes geistiges Geflecht aus Vorbehalten, fixen Vorstellungen, Vorurteilen, Glaubenssätzen, Überzeugungen und Zweifeln. In der Heilungsgeschichte ist dieses zusammengezimmerte Holzgeflecht mit Lehm gefüllt, welcher ein Sinnbild sein kann für unsere Gefühle, für Schuld, Scham, Angst, Misstrauen, Enttäuschung, Wut, Trauer. Wenn und wo diese ‚wetterfeste Lehmdecke' in einem Menschen bloß noch hinderlich ist, muss sie aufgebrochen und teilweise entfernt werden.

Im Energy Healing werden sehr oft Elementale aufgespürt, herausgelöst und entsorgt. Alte Glaubensüberzeugungen und falsche Meinungen und Vorurteile werden herausgesiebt. Schädliche Gefühle werden entkräftet und entsorgt. Mit verschiedenen Techniken wird gereinigt, gereinigt, gereinigt.

Warum sollen wir etwas dreimal tun?

Drei bedeutet die Überwindung der Entzweiung und des Zweifels. Wie in der Dreieinigkeit drückt sie in ihrem umfassenden Wesen die Vollkommenheit aus.[85] Was dreimal getan wird, geschieht sicher nicht zufällig, sondern hoffentlich mit voller Absicht, mit ganzer Kraft und von ganzem Herzen. Die Drei übersteigt den Widerspruch, das unentschlossene ‚Jein' oder ‚Ja aber' und das ‚Vielleicht'.

Nach der Entfernung der hinderlichen Kräfte, der lähmenden Elementale, wird der bedürftige Mann Jesus vor die Füße gelegt. Wie Jesus geheilt hat, wird aus den knapp gehaltenen Berichten kaum ersichtlich.
Die Quantenphysik bestätigt, dass Krankheit eine dysfunktionale biologische Schwingung ist. Solche Störschwingungen, die die Physik destruktive Interferenz nennt, können mittels konstruktiver Interferenz aufgehoben werden.[86]

Jesus hat demnach die destruktive Interferenz in Körper und Seele durch eine konstruktive Interferenz aufgehoben. Auch Daskalos vermochte sehr hartnäckige negative Elementale zu entfernen, und er ersetzte sie durch positiv wirkende, heilsame Elementale.
Können wir dies auch? Ja, aber Vorsicht ist geboten.
Daskalos schärfte seinen Schülern und Schülerinnen ein: „Ihr müsst euch darüber im Klaren sein: Wenn ihr Elementale von Gedankenwünschen erschafft, bearbeitet ihr göttliche Substanz. Ihr hantiert nicht nur mit Lehm. Der Erwerb solcher Kräfte bringt eine sehr große Verantwortung mit sich. Wir sollten experimentieren, aber wir müssen klug genug sein, Elementale

---

85 aus: Manfred Lurker, Wörterbuch der Symbolik, S. 141
86 aus Wikipedia: Peter Andres, Im Grunde ist alles Schwingung und Energie, 2022

aus Gedankenwünschen zu erschaffen, die unserem Mitmenschen helfen und nicht nur unsere egoistischen Vorstellungen erfüllen."[87]

Heil-Elementale kreieren

Die Wirkung von Heil-Elementalen ist abhängig von der reinen Absicht, der geistigen Konzentration und vom Segen der geistigen Welt.
So wie wir eine Salbe auf eine empfindliche, schmerzende, bedürftige Körperstelle geben und ein Pflaster auf eine offene Wunde kleben, damit der Körper sich an dieser Stelle in aller Ruhe und geschützt vor weiteren negativen Einflüssen regenerieren kann, können wir dies auch auf der mentalen und emotionalen Ebene tun – für uns selbst oder für einen Mitmenschen.

Verbindung herstellen, vertikal und horizontal!

Absicht klären. Was will ich erreichen? Oder was wollen wir gemeinsam unterstützen, schützen, stärken oder heilen?

Konzentration aufbauen und halten, während ich meine guten Gedanken-Wünsche zur Stärkung und Heilung in einen vorgestellten Wattebausch, in ein imaginiertes Pflaster oder in eine andere mir passend erscheinende Form gebe und diese an die bedürftige Stelle am oder im physischen Körper, im Ätherkörper oder in einem anderen Teil der Aura setze.

Wie die folgende Zeichnung andeutet, können wir sehr kreativ sein, was die Form des Heil-Elementals betrifft. Ob wir einen weichen Wattebausch, ein Pflaster oder eine Farbkugel wählen,

---

87 Kyriacos C. Markides, Der Magus von Strovolos, S. 82

wichtiger als die Form sind immer die ehrliche und liebevolle Absicht und die Zusammenarbeit mit der geistigen Welt. Wir lassen uns bei der Wahl und Platzierung des Heil-Elementals von der Intuition leiten und geben den Heilungsprozess an die geistigen Helfer ab.

Dem Heil-Elemental geben wir die Anweisung: „Sei zum Wohle dieses Menschen und wirke, solange es dich braucht!"

- Ein Windrad kann die passende Hilfe sein, um gestaute Energie wieder in Fluss zu bringen, einen Prozess zu beschleunigen oder in den richtigen Rhythmus zu bringen.
- Eventuell wird ein Eisbeutel zum Kühlen gebraucht.
- Ein Wärmekissen, eine Kerze, eine vorgestellte Sonne können die gewünschte Wärme schenken.
- Ich gebe in der Vorstellung Wasser oder Heiltröpfchen in einen Körperbereich, um die Heilung anzustoßen und zu unterstützen.

Bei der Arbeit mit Elementalen ist es wichtig, nach einem Heilimpuls 21 Tage verstreichen zu lassen, damit die durch den Heilimpuls ausgelösten Schwingungen sich nicht kreuzen oder ineinander verwickeln. Der Heilimpuls braucht eine Ruhezeit zum Ausschwingen.

„Wenn wir ein gutes Elemental aussenden und der Empfänger noch nicht bereit ist, es anzunehmen, prallt es von dessen Aura ab und kehrt zu uns zurück. Aber in diesem Fall wird das Elemental seine Spur in der Aura des anderen hinterlassen. Seine Kraft wird dort bleiben, um jenem Menschen in dem Augenblick Hilfe zu sein, in dem er bereit ist, entsprechende Schwingungen zu erzeugen."[88]

---

88 Markides, Der Magus von Strovolos, S. 77

10. KAPITEL: **ICH WILL WACHSEN**

Der gesunde Mensch will wachsen, sein Leben lang. Wenn die körperliche Größe erreicht ist, verlagert sich der Wille zu wachsen auf andere Bereiche. Der Mensch will in der Gesellschaft seinen Platz finden. Er will seine Talente einsetzen und im Beruf vorankommen. Er will auch sozial weiterwachsen, einen Bekannten- und Freundeskreis aufbauen, eine eigene Familie gründen. Vielleicht nicht alle, aber viele Menschen wollen auch in seelisch-geistiger Hinsicht wachsen.

Die Energy-Healing-Techniken helfen Wachstumshindernisse zu erkennen und zu verkleinern. Sie lassen erleben, dass Wachstum im Miteinander geschieht und auf einer ausgewogenen Synthese aufbaut. Wir leben auf der Erde in der Polarität, und beide Pole wollen als gleichwertig erachtet, gewürdigt und einbezogen werden: Körper und Geist, Erde und Himmel, weiblich und männlich, Yin und Yang, Unterstützung und Widerstand, Licht und Schatten. Wir brauchen alle Elemente und alle Gegensätze zum Wachsen, zum Gesundwerden, zur Verwirklichung der Vollkommenheit.

Mein **Auto-Traum** hat mir meinen Lebensweg oder zumindest einige Aspekte davon vor Augen geführt. Wie im Film konnte ich dem Traum-Ich zusehen, wie es Schwierigkeiten bewältigt und daran wächst. Es bleibt seinem Weg treu, schafft es auf die höhere Ebene und findet zur Freude.

Vier Kinder haben sich mir in diesem Traum gezeigt. Sie sind Teile meiner Seele, sie sind ein wertvolles seelisch-geistiges Potenzial.
- Kinder erinnern mich an längst Vergangenes aus meiner Kindheit und kündigen mögliche künftige Entwicklungen an.
- Die Kinder weisen mich sowohl auf Mängel, Leiden und Schmerzen wie auch auf wundervolle Möglichkeiten, noch brachliegende Energien, auf Wünsche und Sehnsüchte hin.

- Kinder sind eine Synthese von weiblichen und männlichen Energien, sie tragen in sich Eigenschaften und Wünsche von Mutter und Vater.
- Kinder gehen hervor aus der Synthese von bewussten und unbewussten Persönlichkeitselementen. Das Kind ist deshalb ein die Gegensätze vereinigendes Symbol, ein Mediator, ein Heilbringer, das heißt Ganzmacher.[89]
- Kinder wollen wachsen, sie wollen groß werden in jeder Hinsicht.

Sie sind ein Bild für diesen Teil unseres Lebenswillens.

Diese Kinder zeigten sich mir im Traum, ohne dass ich sie erwartet oder aktiv gesucht hätte. Sigmund Freud bezeichnete die Traumdeutung als „Via regia", was sich als „Königsweg" übersetzen lässt, als den Schlüssel, mit dem sich die Tür zum Unbewussten im Seelenleben öffnen lässt. In Träumen zeigen sich für Freud vor allem verdrängte oder verborgene Wünsche, insbesondere jene, die ihren Ursprung in der Kindheit haben.[90]

Ein Traum ist für mich eine passive Imagination. C. G. Jung hat diesen Zugang zur Seele ergänzt durch die aktive Imagination.

Mit dieser Methode kann im Grunde jeder Mensch auf die Suche gehen nach jedem beliebigen Teil der Seele. Jung nannte die wichtigsten oder stärksten Seelenkräfte Archetypen. Die bekanntesten sind die innere Frau (Anima) und der innere Mann (Animus), das innere Kind, der und/oder die alte Weise und Christus, der Archetyp der Synthese.

---

89 C. G. Jung/Karl Kerényi, Das göttliche Kind, Düsseldorf und Zürich, 1999, S. 94
90 aus dem Internet: Traeumen.org, Traumdeutung – Traumsymbole – Traumforschung

Da ich im Auto-Traum gleich vier innere Kinder angetroffen habe, will ich dich in diesem letzten Kapitel mitnehmen auf eine geführte Fantasiereise zum Inneren Kind.

Das Innere Kind begegnet mir bei jedem Besuch anders, zeigt mir eine andere Seite von sich oder hält eine andere Botschaft für mich bereit. In jedem Alter hat das Kind, das ich gewesen bin, sich selber und die Mitwelt anders erlebt, andere Prägungen erfahren und andere Hoffnungen gehegt. Schönes und Leid hat zu seinem Wachstum beigetragen, und ich war live dabei und habe es dem Alter und dem Erlebnis entsprechend mehr oder weniger bewusst wahrgenommen.
Meine Seele hat alle Erlebnisse, Gedanken und Wünsche, Empfindungen und Gefühle gespeichert und freut sich in der Regel darauf, ihre Schätze mit mir zu teilen und sie aus dem dunklen Unbewussten ans Licht meines bewussten Ichs zu bringen. Reisen in die weite Welt hinaus sind abenteuerlich, belebend und bereichernd. Und so sind auch die Reisen in unsere Innenwelt mit dem Unterschied, dass der Körper jederzeit ruhig und in Sicherheit ist und die Umwelt nicht belastet wird.
Deshalb mache dich getrost auf diese Reise, wage den Sprung ins Innere deiner Seele, begleitet und geführt von einer zuverlässigen Freundin oder einem vertrauenswürdigen Kameraden oder Therapeuten.

Fantasiereise zum Inneren Kind

Für diese Arbeit ist es sehr wichtig, dass ich in mir zentriert, vertikal ausgerichtet und über mein Höheres Selbst mit dem des Du verbunden bin, das heißt: in einem guten **Rapport**.
Das Du setzt oder legt sich entspannt hin im Wissen, dass der Raum und die Zeit von mir geschützt werden und dass ich die Brücke zu ihm hin baue und halte, auf die richtige Nähe und Distanz achte und den Bezug zum Hier und Jetzt halte.

Ich muss mich von Anfang an gut aufs Du einschwingen und mit ihm in einem Gefühl der Verbundenheit und des Vertrauens sein. So bauen wir zusammen ein magnetisch unterstützendes Energiefeld auf, in dem eine leichte Art von Kommunikation möglich wird.

Pacing
Ich richte mich selbst aus auf meine eigene innere Führung und das Höhere Selbst.
Ich spreche das Du direkt an, auch in einer Gruppe spreche ich in der 2. Person Einzahl.
Ich führe das Du in eine Entspannung und einen leichten Trance-Zustand, indem ich Dinge beschreibe, die für das Du wahr sind, wie:

- Du bist jetzt hier auf dieser Couch und fühlst, wie dein Körper sich entspannt und sich vertrauensvoll der Unterlage übergibt.
- Du schließt deine Augen und lässt dich von meinen Worten auf eine innere Reise begleiten.
- Während du Geräusche wahrnimmst, wendest du dich immer mehr nach innen, um noch tiefer zu entspannen und loszulassen.

Zum Pacing gehört auch das Einzählen von eins bis sieben, um die Entspannung tiefer werden zu lassen. Die Stimme darf sich dabei durchaus verändern. Aber sie soll fürs Du gut verständlich sein, es besteht eine Tendenz, zu leise zu sprechen.

Achtung:
Zu direktive oder gar suggestive Sätze wie: ‚Du hast keine Angst' und auch negativ formulierte oder eng definierte Sätze wecken Widerstand. Besser sind doppelt befreite Sätze wie: ‚Es gibt keinen Grund, Angst zu haben, aber es ist völlig o. k., Angst zu fühlen. Du kannst sie jetzt annehmen, ihr in die Augen schauen.'

Leading
Ist die Entspannung da und das Du bereit für die Reise, übernehme ich die Reise-Führung. Ich lasse dem Du aber viel Freiraum, sich selbst zu sein. Um die Energie zu halten, vermeide ich zu lange Schweigezeiten. Wenn das Du Mühe hat, Bilder zu sehen oder zu wissen, kann ich nachfragen. Ich sollte aber möglichst keine inhaltlichen Hinweise geben, sondern nur Anregungen machen zum Weitergehen oder zum genaueren Hinsehen. Sonst vermischen sich die Bilder vom Ich und Du.

Reise zum Inneren Kind
Die Hinreise wird mit Vorteil kombiniert mit der Reise zum Kraftort, wobei der Aufenthalt dort eher kurz gehalten wird. Die Wanderung führt danach in einen Zauberwald. Der Zauberwald als Symbol des Unbewussten kann Angst machen, aber er fasziniert auch. Er ist unverzichtbar auf dieser Reise, denn er bringt das Du in seine tieferen Schichten.
Das **Innere Kind** wohnt auf einer Lichtung mitten im Wald. Einmal finden wir es leicht, vielleicht erwartet es uns schon im Garten. Ein andermal versteckt es sich in seinem Zimmerchen oder irgendwo im Haus. Wer sucht, der findet es oder hinterlässt dem Kind eine Botschaft, er komme später wieder. Es soll genügend Zeit sein für die Begegnung mit dem Kind.

Die Rückreise beansprucht etwa ein Drittel der Hinreisezeit.

Anleitung einer Reise zum Inneren Kind

Ich führe in die Entspannung
Bist du bereit für eine Reise zu deinem inneren Kraftplatz?
Schließe die Augen! Du weißt, du bist hier in ...
Du hörst meine Stimme, du atmest, und jeder Atemzug lässt dich mehr entspannen. Bei jedem Ausatmen lässt du ein bisschen mehr los von dem, was dich beschäftigt.
Dein Körper darf ruhen, dein Geist ist offen und wach.
Fühlst du die Entspannung?

Ich führe das Du zum Kraftplatz
Du siehst vor dir einen Weg, und du weißt, dass dieser Weg dich zu deinem Kraftort führen wird.
Kannst du den Weg sehen? Wie sieht er aus?
Folge ihm, und sage mir, wenn du bei deinem Kraftplatz bist!
Kennst du diesen oder einen ähnlichen Platz, oder ist es dein fantastischer Kraftort? Was siehst du, was hörst du, was riechst du?
Wie fühlst du dich hier? Nimm Kraft auf, soviel du brauchst!
Wenn du dich stark, harmonisiert und in Ordnung fühlst, kannst du langsam aufstehen, dich umsehen und dich mit einem Dank vom Kraftplatz verabschieden.
Bist du nun bereit für die Reise zum Inneren Kind?
Es ist in dir, es ruft dich.
Schau dich um! Vielleicht siehst du ein Tier, das dich weiter begleiten will, oder ein Naturwesen, einen Zwerg, eine Elfe oder einen geistigen Führer.

Ich führe das Du auf dem Weg zum Zauberwald
Siehst du den Pfad? Wie sieht der Weg aus?
Du gehst auf diesem Weg. Ist dein geistiger Führer bei dir?
Schau dich um! Was siehst du? Nun siehst du vor dir eine Brücke und gehst darüber und weiter, bis du in einen Wald kommst.
Es ist ein Zauberwald. Ist deine geistige Führung noch bei dir?

Vielleicht gibt es hier Zwerge, Blumen, Tiere, Vögel, magische Hügel oder Höhlen?
Fühlst du dich sicher? Schau dich um!
Nimm alles in dich auf: Geräusche, Düfte und wie es sich hier anfühlt ...

Ich führe das Du zum Haus auf der Waldlichtung
Lass dich weiterführen auf eine große Waldlichtung mit einem Haus. Da wohnt dein Inneres Kind.
Wenn du bereit bist, ihm zu begegnen, gehst du zur Türe! Klopfe an!

Was hörst du? Öffne langsam die Türe! Schau, wie es im Haus aussieht. Gehe hinein, wenn es sich richtig anfühlt!
Haus und Zimmer sind in der Regel offen. Wenn nicht, suche den Schlüssel, oder finde einen anderen Eingang!
Nun suche das Kinderzimmer in liebevoller Absicht. Klopfe an! Hörst du etwas? Geh vorsichtig hinein und beschreibe, wie es in diesem Kinderzimmer aussieht!

Begegnung und Gespräch mit dem Inneren Kind
Gehe achtsam auf das Kind zu.
Wie ist das Kind? Sieht es dich an? Kannst du ihm sagen, wer du bist? Wie alt ist das Kind? Ein Mädchen oder ein Junge? Sag ihm Hallo! Stelle dich ihm vor als sein erwachsenes Selbst! Welche Reaktionen und Gefühle zeigt das Kind? Wenn es Angst hat, rufst du einen Engel.
Welche Gefühle kommen in dir hoch? Ist es Freude, Mut, Übermut? Oder ist Traurigkeit, Unsicherheit, Wut, Enttäuschung im Raum? In dir oder im Kind?
Was ist der Grund dieses Gefühls? Hast du eine Ahnung? Kannst du dem Kind sagen, was du fühlst und denkst, was in dir vorgeht? Wie kannst du deine Wertschätzung, Achtung, Liebe fürs Kind ausdrücken? Schenkst du ihm Vertrauen?
Du sagst ihm, was diese Begegnung und was es selbst in dir auslöst. (Damit bringst du Bewusstsein ins Kinderleben.)

Wie reagiert das Kind darauf und auf dich? Was macht es gerade? Frage es, ob es einen Wunsch hat. Was möchte das Kind tun, sagen, von dir erhalten oder dir geben?
Was möchtest du von ihm wissen – Wunschliste?
Du darfst als sein erwachsenes Selbst dem Kind erlauben, so zu sein, wie es ist.
Wenn die Zeit reif ist und du es willst, kannst du dem Kind eine liebevolle Umarmung anbieten.

Gemeinsamer Besuch des Heilraums
Du kannst nun dein Kind bitten, mit dir zusammen einen Heilraum aufzusuchen. Er darf sogar golden sein.
Hier kann sich alles lösen, was euch gehindert hat und was ihr beide nicht mehr braucht an Verboten, Scham, Schuldgefühlen. Wenn du das Gefühl hast, die Heilung aktiv unterstützen zu wollen, so kannst du einen Reifen sehen und ihn übers Kind und über dich herabziehen und euch beide so dreimal sieben.
Du kannst auch darauf vertrauen, dass der Raum an sich heilsam wirkt. Alte Schocks werden hier aufgelöst, Verletzungen geheilt und eine Schutzschicht wird über den Aurakörper gelegt.
Vielleicht zeigt sich ein Engel oder ein Lichtwesen?
Wenn nicht, kannst du dir auch vorstellen, dass der Erzengel Gabriel mit seiner sehr mütterlichen Energie dabei ist und dem Kind sagt: Du bist o. k. und willkommen auf dieser Erde.
Wenn es für euch Zeit ist, verlasst ihr den Heilraum.

Wie weiter?
Du fragst das Kind, ob es gerne mit dir kommen oder lieber dableiben möchte. Respektiere auf jeden Fall den Willen des Kindes, und bedanke dich bei ihm für die Begegnung.
Will das Kind nicht mitkommen, so kehrst du allein in den Alltag zurück und versprichst dem Kind, es wieder zu besuchen.
Will das Kind mit dir in den Alltag zurückkehren, was zu 90 % der Fall ist, so umarme das Kind in Gedanken.
Du nimmst es ins Herz hinein (= Annehmen).
Du fühlst, wie es mit dir eins wird (= Integration).

Du bist nun verantwortlich für dein Inneres Kind und gibst ihm bewusst Raum und Aufmerksamkeit im Alltag (= Umsetzung). Höre in dich hinein: Kommt noch eine Botschaft vom Kind oder vom geistigen Führer?

Rückreise (ein Drittel der Hinreisezeit)
Du verlässt nun das Haus allein oder zusammen mit deinem Kind und gehst zum Zauberwald. Wenn dich ein Krafttier aus diesem Wald auf der Reise begleitet hat, dankst du ihm und verabschiedest dich hier von ihm.
Du gehst auf deinem Weg zurück zum Kraftplatz, bedankst dich auch bei ihm, beim Naturwesen oder deinem geistigen Führer. Nun gehst du auf dem dir bekannten Weg nach Hause in dein Alltagsbewusstsein – mit deinem Kind im Herzen.
Du achtest auf deinen Atem, nimmst meine Stimme bewusst wahr als Teil des Alltagsbewusstseins.
Nun bist auch du darin angekommen, du bist voll und ganz da und öffnest die Augen.

Gespräch
Es sollte nun noch Zeit sein für ein Gespräch über das verlorene und wiedergefundene Innere Kind.

Wie erleben wir unser Inneres Kind im Alltag? Es stellt sich ja nicht vor, aber wir können sein Dasein und sein Intervenieren bemerken,
- wenn jemand Lob oder Tadel nicht annehmen kann,
- wenn jemand ausflippt (ruhig bleiben und daran denken, dass die andere Person gerade im Inneren Kind ist),
- wenn die Gefahr gegenseitiger Verletzung groß ist,
- wenn Bedürftigkeit, Schock oder Mangel das Tun und Wollen bestimmen.

Wenn ein Mitmensch aus Versehen oder aus Bösartigkeit eine alte Wunde berührt oder neu aufreißt, fallen wir schnell ins Innere Kind und fühlen uns wie einst als Kind hilflos und unterlegen,

obwohl wir jetzt erwachsen sind und normalerweise gut mit Herausforderungen zurechtkommen.
Solch unangenehme Zusammenstöße können wir zum Anlass nehmen, uns unserem Inneren Kind und seinen Verletzungen und Bedürfnissen zuzuwenden.

Unser Inneres Kind ist aber nicht nur verletzt und bedürftig, es ist auch unser größtes Potenzial und wert, dass wir es ganz bewusst kennenlernen und ihm mit Respekt und Mitgefühl begegnen.
Menschen, die keinen Bezug zu ihrem eigenen Inneren Kind haben, sind in Gefahr, auch mit den äußeren Kindern, den eigenen und den fremden, nicht angemessen und menschenfreundlich umzugehen.
Für einen wertschätzenden liebevollen Umgang mit den Kindern hat sich auch Jesus starkgemacht, sogar gegen seine Jünger musste er sich durchsetzen.
Einige Leute wollten ihre Kinder zu Jesus bringen, damit er sie berühre; aber seine Jünger fuhren sie an und wollten sie wegschicken. Als Jesus es bemerkte, wurde er zornig und sagte zu den Jüngern: „Lasst die Kinder doch zu mir kommen und hindert sie nicht daran; denn für Menschen wie sie steht Gottes neue Welt offen. Ich versichere euch: Wer sich Gottes neue Welt nicht schenken lässt wie ein Kind, wird niemals hineinkommen." Dann nahm er die Kinder in die Arme, legte ihnen die Hände auf und segnete sie.[91]

Zeige deinem Inneren Kind deine Wertschätzung, indem du es in deiner Vorstellung in deine Arme nimmst und an dein Herz drückst.
Wenn du dich von ihm verabschiedest, segnest du es. Ob es mit dir zurückkommt oder in seinem Haus bleibt, du kannst ihm in deiner Wohnung einen kindgerechten Platz gestalten. Da das Innere Kind in unserem Herzen wohnt, darf dieser Platz durchaus

---
91 Mk 10,13–16

herzförmig sein und mit Gegenständen dekoriert, die ein Kinderherz erfreuen.

Kinder wollen ernst genommen und direkt angesprochen werden. Jedes Wort, jeder Satz prägt sich tief in die Kinderseele ein. Die alten Programme mit Abwertungen, Missachtungen, Verletzungen, Kränkungen müssen und wollen überschrieben werden.

Mindestens drei Mal müssen wir dem Kind einen positiven, ehrlich gemeinten Satz zusprechen, dass es die Botschaft annehmen und glauben kann.

Dein Kind freut sich über liebevolle und stärkende Worte.

Schreibe deinem Kind einen Brief oder verschiedene Kärtchen mit liebevollen Zusprüchen.

Oder wähle aus den beiden Listen unten die für dich und dein Kind passenden mütterlichen und väterlichen Worte aus, und lege diese von Hand geschriebenen Sätze zum Herzplatz.

Mütterliche Worte fürs Innere Kind

- Ich liebe dich und nehme dich bedingungslos an, so wie du bist, unabhängig davon, was du tust.
- Ich gebe dir alles, was du brauchst, und sorge für dich.
- Du brauchst keine Angst mehr zu haben – rufe mich, und ich bin für dich da. Ich beschütze dich.
- Öffne dich zu mir und empfange meine Liebe, so kann alles Alte, was du nicht mehr brauchst, erlöst und geheilt werden.
- Du bist einmalig und einzigartig für mich, vollkommen und ganz.

Väterliche Worte fürs Innere Kind

- Ich liebe dich und nehme dich ganz so an, wie du bist.
- Ich führe dich in Güte und Wohlwollen – meine Weisheit darf in dir weiterleben.

- Du bist etwas ganz Besonderes für mich – ich bin stolz auf dich und vertraue dir.
- Ich respektiere deinen freien Willen und unterstütze dich in deiner Selbstfindung, deiner Selbstachtung und deiner Liebe zu dir selbst.
- Ich zeige dir verschiedene Wege auf und helfe dir, dich zu entscheiden – zu deinem Wohle und zum Wohle des Ganzen.

Das Innere Kind möchte aber nicht nur Empfänger und Zuhörer sein, es möchte sich einbringen können in dein Leben, Denken und Fühlen. Sprich mit ihm, frage es nach seiner Meinung, seinen Wünschen, seinem Empfinden und seinem Geschenk!

Wie alle Archetypen ist auch der Kind-Archetyp wie ein Gefäß, das man nie leeren und nie füllen kann. Ein Archetyp ist ein unerschütterliches Element des Unbewussten, aber er wandelt seine Gestalt ständig. Seine Wandlungen wollen in der praktischen Wirklichkeit erlebt werden.

Das in der Krippe liegende und Jahr für Jahr gefeierte Jesuskind erinnert uns daran, dass wir, um wahrhaftig erwachsen und vollkommen zu werden, die Aufforderung des erwachsenen Jesus psychologisch realisieren sollen: **Werdet wie die Kinder!**

Als Erwachsene sind wir allem Neuen gegenüber viel kritischer als das Kind. Wir haben oft genug erfahren, dass wir Bildern und Worten nicht naiv vertrauen dürfen. Eine Heilung bedarf aber eines atmosphärischen Raumes des Vertrauens, da jede Behandlung und Genesung auch die Suggestion und Autosuggestion voraussetzt und zu Hilfe nimmt. Schließlich ist unser Gesundheitszustand das Produkt unserer Gedanken und Emotionen. Der Zweifel wirkt als eine Art negative Autosuggestion, die das körperliche Wohlbefinden unterminiert und die Gesundung verzögert.[92]

---

92 aus: Markides, Der Magus von Strovolos, S. 287 f.

Das letzte Wort soll aber nicht der Zweifel haben, sondern das Vertrauen, die Lebensfreude und die Weisheit des Inneren Kindes. Mein Schlusswort kommt deshalb wie aus dem Mund meiner Inneren Kinder, ist vielstimmig und voller Freude und Dankbarkeit.

KINDLICHE SCHLUSSWORTE

Mein neugieriges, lernfreudiges Kind hat Spaß an den vielen verschiedenen Techniken und am gemeinsamen Experimentieren und sagt: „Wenn die Menschen mit dem Herzen sehen lernen, staunen sie hoffentlich über die Wundertüte, die sie selber sind."

Mein religiöses Kind freut sich über die praktische Anleitung zur Verbindung mit ‚oben' und ‚unten' und spricht: „Endlich wird das, was für mich selbstverständlich ist, den ach so vernünftigen und geistig abgenabelten Erwachsenen wieder beigebracht. Bald kann ich mein geistiges Daheim mit vielen Menschen teilen."

Mein magisches Kind freut sich an der geistigen Blume und sagt: „Mein Herz hat einen Hüpfer gemacht bei der Blumen-Imagination, als die beiden Frauen in der Gartenwirtschaft aufs Essen gewartet haben. So wurde ich noch vor ihrem Magen satt."

Mein kreatives Kind freut sich über das Sieben und sagt: „Das geistige Spielen und Arbeiten bereichert mich und entlastet die Erde, vor allem, wenn ich alles, was nicht mehr dient, fleißig zur kosmischen Recycling-Station hochschicke."

Mein männliches Kind freut sich, dass Kopf, Herz und Hand einbezogen werden, und sagt: „Wie die Knaben im Auto-Traum möchte ich arbeiten – spielerisch und ernst, aus Freude und zur Freude aller. Mit den Energie-Holzstücken haben sie ihre Konzentration und Zielsicherheit, ihre Kraft und Ausdauer trainiert und ihr Energielevel erhöht."

Mein verletzliches Kind freut sich auf die Zukunft und sagt: „Wenn die Menschen mit der geistigen Welt verbunden sind, sind sie dank der höheren Energieschwingungen achtsamer, bewusster und liebevoller in ihren Gedanken, ihrem Wollen,

Reden und Handeln. Das gibt mir eine gewisse Sicherheit, nicht wieder verletzt zu werden."

Mein gelähmtes Kind freut sich, dass seine Lähmung das Traum-Ich im Innersten berührt und zu Tränen gerührt hat. Es sagt mir: „Ich habe das Fließen deiner Tränen in meinem Bein gespürt, und in deinen Augen habe ich die Freude gesehen."

DANK

Allen meinen Inneren Kindern bin ich dankbar, dass sie mich zum Haus der Zukunft auf dem Berg gerufen haben. Sie haben mein Durchhaltevermögen energetisch unterstützt und meinen Arbeitswillen mit dem Brennholz befeuert. Sie haben mich ans Ziel gelockt, zur Heilung und Freude.

Die Zusammenarbeit mit der geistigen Welt fasziniert mich schon lange. Ohne ihre Ermutigung, einfach mal loszulegen und zu schauen, wohin mich der Weg führt, hätte ich es wohl kaum auf die Anhöhe und ans Ziel geschafft und erlebt, welche Freude es mir nach wie vor macht, aus verschiedenen Quellen zu schöpfen und die Fundstücke zu einer Synthese zusammenzuführen.

Joy F. Barbezat danke ich für die gesammelten Energy-Healing-Techniken und für die Erlaubnis, sie in diesem Buch einer breiteren Leserschaft vorzustellen. Bisher hat er sie nur im Basistraining seiner Ausbildung weitergegeben.

In der Zeit meiner Energy-Healing-Ausbildung lernte ich Renate Schwarb kennen. Engel sind ihr schon seit längerer Zeit nahe und so vertraut, dass sie angefangen hat, Engelbilder zu malen. Unser gemeinsames Buch hat nach Menschenbildern verlangt und dank Renates Figuren kannst du dir die Techniken leichter vorstellen und aneignen und mit einem kurzen Blick ins Buch jederzeit in Erinnerung rufen.

Ein großer Dank gebührt all den schwesterlich gesinnten Frauen, die mir mit Rat und Tat zur Seite gestanden sind, den Text gegengelesen und mich auf Unklarheiten und Fehler hingewiesen haben, sodass die Texte deine Lesefreude nicht trüben.

Namentlich erwähnen möchte ich Blanca Steinmann aus Luzern, die mit ihrem kritischen Blick und fachkundigen Wissen dem Buch zum letzten Schliff verholfen hat.

Ein Buch besteht – wie das Leben auch – aus unzähligen kleinen und größeren Mosaiksteinchen. Wo mir die Herkunft bewusst und bekannt gewesen ist, habe ich sie in den Fußnoten angegeben. Manchmal habe ich die Texte wörtlich zitiert, manchmal auch etwas großzügiger dem Erzählfluss angepasst.
Allen Menschen, die mir die Erlaubnis gegeben haben, Teile aus ihrer Mal- oder Schreibwerkstatt und Auszüge aus den in einem Kurs abgegebenen Blättern hier aufzunehmen, danke ich ganz herzlich für das Vertrauen und die Großzügigkeit.

AUSBLICK

Wenn du Lust auf mehr verspürst, so statte der Website von Joy F. Barbezat einen Besuch ab. Dort erfährst du von Joys Werdegang, seiner Denk- und Arbeitsweise und seinen aktuellen Angeboten.
Dort findest du auch die aktualisierte Liste von Therapeutinnen und Therapeuten mit Namen, Adressen und Angeboten der Frauen und Männer, die die Ausbildung abgeschlossen haben und Sitzungen anbieten über den Familien- und Freundeskreis hinaus.

Austausch- und Übungsgruppen
Es wäre schön, wenn sich ernsthaft Interessierte nach der Lektüre dieses Buches zusammenfinden könnten, um gemeinsam zu üben und sich weiterzuentwickeln in Richtung Heilung und Freude.
Viele Techniken des Energy Healing werden vorzugsweise in Partnerarbeit ausgeführt. Um Erfahrungen auszutauschen und sich gegenseitig zu ermutigen, sind Gruppen zwischen sechs und zwölf Personen ideal. Die Hilfe zur Selbsthilfe soll immer weitere Kreise ziehen.
Als niederschwellige Vermittlungshilfe richte ich die EMail-Adresse ein: ener.gruppe@gmx.ch So können Personen, die in geografischer Nähe wohnen, zusammenfinden.

ANHANG: DIE ENERGIESCHICHTEN DER AURA

Ätherkörper

Die 4 Eigenschaften der ätherischen Materie
1. Mit ihrer **prägenden Kraft** kann der Gedankenkörper mentale Bilder, Visionen und Elementale erschaffen und auflösen.
2. Ihre **sinnliche Eigenschaft** ermöglicht alle Sinneswahrnehmungen (Hören, Sehen, Riechen, Tasten, Schmecken) und das Wahrnehmen der Gefühle und Empfindungen.
3. Ihre **kinetische Eigenschaft** ermöglicht Bewegung und Schwingung im ganzen Universum und im Körper (Atmung, Blutzirkulation, Herzschlag, Ströme in Gehirn und Nervenbahnen).
4. Ihre **schöpferische Kraft** ermöglicht das Leben und untersteht der höchsten schöpferischen Instanz (Gott). Über diese Instanz geschieht Heilung.

Lebenskraft für die Gesundheit
Das Universum ist voll von ätherischer Energie. Sie ist ‚**unser tägliches Brot**'. Gott, die Quelle allen Seins, und der Heilige Geist geben uns dieses ‚**Manna vom Himmel**' in überreichem Maße, damit wir gesund sind an Körper und Seele. Es ist unsere Aufgabe, die Fähigkeit zu entfalten, mehr davon aufzunehmen. Wer einen starken und machtvollen Ätherkörper hat, braucht Bakterien nicht zu fürchten.

Ursachen für die Krankheiten
Dank des freien Willens können wir durch falsches Denken, Wollen und Wünschen in unserer Aura Unausgeglichenheiten und Disharmonien herbeiführen. Wir machen unseren Körper durch aggressive Gedanken, unvernünftige Wünsche (Elementale) und maßloses oder unausgewogenes Verhalten verwundbar und anfällig für Krankheiten, indem wir die Kraft des Ätherkörpers

vergeuden und seine Widerstandskraft und Immunabwehr beeinträchtigen. So schaffen wir die ideale Umgebung für schädliche Mikroorganismen. [93]

Emotionalkörper

Diese Schicht speichert die **Kindheit.** Bis etwa sieben Jahre nimmt ein Kind alles Erlebte ungefiltert in seinen Emotional-Körper auf. Dazu kommen die Schocks der Mutter in der pränatalen Zeit.
Zudem bringt die Seele aus früheren Inkarnationen **Schmerzmuster** mit. Alle verinnerlichten und noch unbewussten und unerlösten emotionalen Strukturen und alten **Elementale** beeinträchtigen unsere seelische und körperliche Gesundheit. Im Gefühlskörper sitzende heftige Gefühle wie Furcht, Depression, Ungewissheit, Ärger, Wut oder Trauer stören und zerstören die feinen Fäden des Nervensystems und blockieren oder lähmen den Energiefluss. Dies führt im Chakrensystem und in den Meridianen zu Verkrampfungen, Blockaden und zur Unterversorgung, was sich negativ auf unsere Beziehungen, unsere Lebensfreude und unser Vorankommen im Leben auswirkt.

Die Selbstheilungsversuche des Emotionalkörpers funktionieren so, dass die Schmerzmuster uns immer wieder in Situationen hineinführen, die ihrer Schwingung entsprechen. Eine Angst treibt uns zum Beispiel in eine beängstigende Lage, wo eine alte Angst wiederbelebt wird. Oder eine unerlöste Aggression lässt uns auf Menschen treffen, die ihre Aggression gegen uns ausleben. Mit solchen alten Erfahrungen in einem neuen Gewand zwingt uns die Seele, uns mit diesen uns innewohnenden Mustern auseinanderzusetzen.

---

93 aus Texten von Daskalos und Kursunterlagen von Joy F. Barbezat

Wir können den Selbstheilungsansatz bewusst unterstützen: Wenn das Leben oder die Seele uns in eine emotional anspruchsvolle Situation gebracht hat, wehren wir die in uns aufsteigende Emotion nicht ab, sondern gehen bewusst in sie hinein. Wir nehmen alle Faktoren zur Kenntnis, ohne auch nur den kleinsten Teil der emotionsgeladenen Bilder, Empfindungen und der Reaktionen darauf zurückzuweisen oder zu verurteilen. Die ihnen geschenkte Aufmerksamkeit und unsere Selbstliebe und bewusste Entscheidung werden sie verändern. Die alten Gefühlsmuster können sich auflösen und Platz machen für Gefühle der Freude, Freiheit, Dankbarkeit und Liebe.

Mentalkörper

In dieser Auraschicht sind Gedanken, Überzeugungen, eingetrichterte Glaubensinhalte gespeichert, die wir teils bewusst, mehrheitlich unbewusst übernommen haben. Je klarer und lebendiger wir in unseren Gedanken sind, je tiefer wir uns auf unsere geistigen Erkenntnisse einlassen und diese ausleben, desto klarer und intensiver strahlt unser Mentalkörper.
Der Mentalkörper besteht aus zwei Teilen.

1. Der ursprüngliche und höher schwingende Teil hat die Aufgabe, die universellen Wahrheiten, die ihm von oben, vom Kausalkörper übermittelt werden, aufzunehmen und mit der Vernunft auf eine konkrete Situation zu übertragen. Dies würde zu einer Problemlösung führen, die im Einklang mit den universellen Gesetzmäßigkeiten steht. Auf diesem Weg erhalten wir auch Geistesblitze und plötzliche Einsichten, die uns unsere Probleme lösen helfen. Wir denken hier nicht linear, sondern holografisch, ganzheitlich. Unsere Erkenntnisse gehen über den rationalen Verstand hinaus. Auf dieser Frequenz wird unser Denken geprägt durch Intuition und Bilder, welche wir in verbale Gedanken umformen. Ein

solch hoch entwickelter Mentalkörper ist ein Spiegel des Kausalkörpers, sein verlängerter Arm im Denken und Handeln.
2. Der rationale Teil des Mentalkörpers schwingt auf einer niederen Frequenz. Er arbeitet mit den Informationen und Sinneswahrnehmungen des physischen Körpers. Diese werden ihm über den emotionalen Körper zugetragen und von diesem emotional verzerrt. Dadurch wird das Denken emotional eingefärbt. Der Verstand ist niemals unparteiisch oder objektiv, auch wenn er immer wieder betont, es zu sein. Gedankenmuster, die auf diese Weise entstehen, drehen sich fast immer um das persönliche egoistische Wohlbefinden oder um die Belange des weltlichen Geschehens.

Kausalkörper

Dieser Körper umfasst den spirituellen, den seelischen, den kosmischen und den nirwanischen Körper. Alle vier schwingen aber so hoch, dass sie für unseren Verstand kaum auseinanderzuhalten sind.
Die Ausdehnung des Kausalkörpers beträgt zwischen 1 Meter (bei Menschen, die auf der spirituellen Ebene noch sehr unbewusst sind) bis sehr weit hinaus.
Die Gegenwart eines wahrhaft spirituell erleuchteten Menschen ist schon aus einigen Hundert Metern zu spüren. Die Atmosphäre verändert sich um einen Erleuchteten auf wundersame Weise. Die Intensität erhöht sich, je näher man ihm kommt. Die Erfahrung seines Lichts, seiner Liebe und Fülle verliert sich mit der Entfernung aus seinem Feld wieder.
Im Seelenkörper löst sich die Dualität auf, und die Seele kommt immer mehr in die Einheit.
Im kosmischen Körper wird das göttliche ICH-BIN kraftvoller.
Im nirwanischen Körper kommt die Seele mit der Erleuchtung in die Einheit, und die Schule des Lebens ist abgeschlossen.

Über diese vier Schichten mit der höchsten energetischen Schwingung kommunizieren wir mit der geistigen Welt, mit unserem Lichtkörper und unserer Seele, mit „Allem, was ist".

Der Kausalkörper ist der erste Filter, den das wahre Sein auf seiner Reise in unser Bewusstsein durchdringt. Was nicht gefiltert wird, leitet der Kausalkörper weiter an den Mentalkörper, der als zweiter Filter auf dem Weg in unser Bewusstsein agiert. Je höher die spirituelle Entwicklung eines Menschen ist, desto weniger filtert diese Schicht aus den Informationen des Seins und der Umwelt heraus.

Die äußere Aura des Kausalkörpers gleicht einem auf die Spitze gestellten Ei. Sie wirkt wie ein Behälter, in dem sich feinstoffliche Energie befindet. Im Krankheitsfall kann diese äußere Aura undichte Stellen haben, durch die Energie ausfließt.

LITERATURVERZEICHNIS

Roberto **Assagioli**, Psychosynthese, Methoden, Prinzipien und Techniken, Zürich 2/1988
Die **Bibel,** Die gute Nachricht, in heutigem Deutsch
Daskalos, Esoterische Lehren, Die Botschaft des „Magus von Strovolos", München 1991
Duden Etymologie, Herkunftswörterbuch der deutschen Sprache, Mannheim 2/1997
Piero **Ferrucci**, Werde, was du bist, Selbstverwirklichung durch Psychosynthese, Basel 2/1985
Gerd **Heinz-Mohr**, Lexikon der Symbole, München, Neuausgabe 1998
C. G. **Jung**/Karl **Kerényi,** Das göttliche Kind, Düsseldorf und Zürich, 1999, erweiterte Neuauflage des Werkes von 1941
Verena **Kast**, Imagination, Olten und Freiburg im Breisgau 2/1988,
Lia **Keller**, Katharina **Hunkeler**, Schule für Körpertherapie Zürich, Craniosacral-Therapie, Grundkurs 1, 2/2010
Clemens **Kuby**, Wie einen das Bewusstsein heilt, Gespräch mit Clemens Kuby in einem Youtube-Film
Jean-Yves **Leloup**, Evangelium der Maria Magdalena, Die spirituellen Geheimnisse der Gefährtin Jesu, München 5/2008
Manfred **Lurker**, Wörterbuch der Symbolik, Zürich 1984
Kyriacos C. **Markides,** Der Magus von Strovolos, Die faszinierende Welt eines spirituellen Heilers, München 1988

Die Autorin

Helene Widmer wurde 1953 in Niedergösgen/Schweiz geboren und wuchs mit drei Geschwistern in einer Gärtnerei auf. Sie arbeitete als Primarlehrerin und wurde Mutter von zwei Töchtern. Nach dem Theologiestudium in Bern war sie 25 Jahre lang als Pfarrerin in der Reformierten Landeskirche tätig. 2018 erschien ihr erstes Buch „Dem wahren Menschen auf der Spur" mit Texten aus ihren Gottesdiensten. Zu ihren Lieblingsaktivitäten gehören heute das Lesen und Schreiben, Gärtnern und Reisen, das Zusammensein mit Familie und Freundinnen und die Pflege der eigenen Spiritualität. Auf der Suche nach dem Wesentlichen schöpft sie gerne aus verschiedenen Quellen und bringt die Fundstücke – wie in diesem Buch – zu einer Synthese.

Der Verlag

novum VERLAG FÜR NEUAUTOREN

Wer aufhört besser zu werden, hat aufgehört gut zu sein!

Basierend auf diesem Motto ist es dem novum Verlag ein Anliegen, neue Manuskripte aufzuspüren, zu veröffentlichen und deren Autoren langfristig zu fördern. Mittlerweile gilt der 1997 gegründete und mehrfach prämierte Verlag als Spezialist für Neuautoren in Deutschland, Österreich und der Schweiz.

Für jedes neue Manuskript wird innerhalb weniger Wochen eine kostenfreie, unverbindliche Lektorats-Prüfung erstellt.

Weitere Informationen zum Verlag und seinen Büchern finden Sie im Internet unter:

www.novumverlag.com